VEGANES KOCHBUCH XXL

Schmackhafte und einfache Rezepte für einen veganen Lifestyle inkl. Beilagen, Snacks, Desserts und Mehr

SIMONE REIF

ISBN – 9798361786343

INHALTSVERZEICHNIS

EXKLUSIVER BONUS

35 exklusive Abnehmrezepte

inkl. 14-Tage-Abnehmplan, um dauerhaft Bauchfett
zu verlieren und schlank zu bleiben

Halten Sie Ihre Handykamera einfach auf den QR Code
und kommen Sie so zu dem Gratis-Download:

QR-Code mit Kamera scannen und
GRATIS Bonus erhalten:

„VEGANER? DIE MÜSSEN DOCH AUF ALLES VERZICHTEN!“

Müssen sie das tatsächlich? Und wenn ja, warum tun sie sich das an?

Und wie steht es denn mit den Nährstoffen, wenn man „nix“ essen darf?

Mit Proteinen, Vitaminen, Eisen, Zink usw.?

Waaas – es geht nicht nur um tierische Produkte beim Essen? Sondern auch um Kleidung, Schuhe, Accessoires, nix aus Leder, nix aus Seide, keine Daunenjacke im Winter .... und und und?

Wie soll man so leben können?

Viele Fragen stehen im Raum und warten auf Antwort.

Doch klären wir erst mal:

Vegan – was genau bedeutet das denn überhaupt?

Während es bei der vegetarischen Lebensweise viele Varianten gibt, ist die Lage beim Veganismus klar und eindeutig:

Keinerlei tierische Produkte, weder auf dem Teller noch am Körper und, wenn möglich, auch nicht in der persönlichen Umgebung, also zum Beispiel in der Wohnung (Ledercouch, Seidenkissen, Daunendecke ...).

In der folgenden Übersicht wird klar, wer was darf. Was sofort auffällt: Veganer dürfen laut dieser Tabelle „nichts“.

	Fleisch	**Fisch**	**Geflügel**	**Eier**	**Milchprodukte**	**Honig**
Flexitarier = Gelegenheitsvegetarier	✓	✓	✓	✓	✓	✓
Ovo-Lacto-Pisce-Vegetarier	×	✓	×	✓	✓	✓

Ovo-lacto-Vegetarier	✗	✗	✗	✓	✓	✓
Lacto-Vegetarier	✗	✗	✗	✗	✓	✓
Ovo-Vegetarier	✗	✗	✗	✓	✗	✓
Veganer	✗	✗	✗	✗	✗	✗
vegane Alternativen	**Hülsenfrüchte** **Sojaprodukte** wie z.B. Tofu, Tempeh **Getreideprodukte**, wie z.B. Seitan **Pilze**: Portobello, Austernpilze, Champignons **Grünkernprodukte** **Algen**: Alternative für Fisch			Eier können je nach Rezept auf unterschiedliche Art ersetzt werden, siehe unter „Tipps & Tricks“	**Pflanzenmilch:** Soja, Hafer, Dinkel ... **Pflanzenbutter** **Kokosöl** **Soja- und Haferprodukte:** Milch, Sahne, Joghurt, Quark ...	**Agavendicksaft** **Ahornsirup** **Löwenzahnhonig** **Melasse** **Dattelsirup** **Zucker** (ohne Tierkohle hergestellt)

Keine Eier, kein Käse, kein Schinken, kein Joghurt, nicht einmal Honig – ja, was bleibt dann noch?

Überlegen wir mal umgekehrt: Worauf muss ein Veganer nicht verzichten?

Damit kann man ganze Bücher füllen ...

Zum Beispiel dieses Kochbuch, das keineswegs Anspruch auf Vollständigkeit erhebt, doch haben wir uns bemüht, die Auswahl der Rezepte sehr facettenreich zu gestalten und ohne schwer erhältliche Zutaten: Der vegane Lebensstil soll ja keine „verrückte“ Andersartigkeit sein, sondern ohne Schwierigkeiten im Alltag zu praktizieren.

Wenden wir uns nun der Frage zu: Warum entscheiden sich Menschen für den veganen Lifestyle?

Erforschen wir ein wenig die Gedankenwelt, die dahintersteht.

Kleiner Diskurs zum veganen Lifestyle

Zwei grundsätzliche Haltungen sind es, aus denen heraus sich Menschen für ein veganes Leben entscheiden:

Die eine ist die Sorge um die eigene Gesundheit.

Einige Studien, darunter die bekannte China-Studie, in der einige Tausend Menschen über einen längeren Zeitraum beobachtet wurden, belegen, dass manche Zivilisationskrankheiten durch vegane Ernährung gelindert oder prophylaktisch hintan gehalten werden können. Hier steht die Motivation, das eigene Leben möglichst lange und bei guter Gesundheit zu erhalten, im Vordergrund. Der philosophische Aspekt steht dabei eher im Hintergrund.

Die andere Haltung stellt den philosophisch-ökologischen Aspekt in den Vordergrund. Dass sich durch diese sehr bewusste Art der Ernährung auch ein gesundheitlicher Vorteil ergibt, ist wichtig, doch nicht das entscheidende Kriterium.

Ausschlaggebend ist der Gedanke, dass durch den konsequenten Verzicht auf Tierprodukte Tierleid verhindert werden soll. Der Gedanke an Nahrungsmittel aus „Tierfabriken", in denen das Tier weniger als Lebewesen denn als gewinnbringender „Gegenstand" betrachtet und dementsprechend behandelt wird, macht den Verzicht leicht. Es ist in diesem Sinne eigentlich kein Verzicht mehr, sondern die zwingend folgende Handlung, begründet durch die Abscheu vor Leid, das verhindert werden kann.

Hand in Hand damit geht auch der ökologische Aspekt. Für Tiere, deren Fleisch und Produkte letzten Endes auf dem Teller landen, wird in großen Mengen Getreide und Soja angebaut, das an die Tiere verfüttert wird. Die Bilanz ist dabei sehr unausgewogen: Um 1 Kilo Fleisch zu erhalten, müssen nicht nur über 15.000 (!) Liter Wasser aufgewendet werden, sondern auch zwischen 4 und fast 10 Kilo Getreide und eine Nutzfläche zwischen 30 und 50 m²: Wälder werden für den Anbau von Futtermitteln gerodet, Fläche wird in Weideland umgewidmet. Für Deutschland gelten folgende Zahlen: Etwa 60% des genutzten Getreides wird als Tierfutter verwertet, nur etwa 20% dienen direkt der menschlichen Ernährung.

Die Bandbreite der Werte ergibt sich aus unterschiedlichen Arten der Fütterung, sie hängen auch von der Tierrasse und vom Klima ab und anderen Details.

Diese verheerend zu nennende Bilanz ist neben dem Tierleid ein starkes Argument für den Veganismus oder eine zumindest sehr fleischreduzierte Lebensweise.

Wie steht es nun mit Eiern und Honig? Dafür muss ja kein Tier getötet werden, Veganer nehmen diese Lebensmittel aber dennoch nicht zu sich. Warum?

Bei den Hühnern geht es erst mal auch um das unwürdige „Leben", zu dem sie zwecks Eierproduktion verurteilt sind. Dass Menschen den Hühnern die Eier wegnehmen und Bienen den Honig, wird auch als unzulässige Ausbeutung der Tiere betrachtet, die ja ihre Eier, ihren Honig nicht für den Menschen produzieren, sondern für ihr eigenes Leben, ihre Fortpflanzung, ihr Fortkommen.

Tierische Produkte landen jedoch nicht nur auf dem Speisezettel, sondern haben in so gut wie allen Lebensbereichen Einzug gehalten. Der Veganismus bezieht sich nicht nur auf die Ernährung, sondern ist eine umfassende Lebenseinstellung.

Wie sieht es bei der Kleidung aus?

Eine Seidenbluse oder Lederschuhe, eine Daunenjacke, ein Wollpullover oder eine Pelzmütze: Dafür werden Tiere getötet und ausgebeutet, daher ist diese Kleidung nicht vegan.

Bei Kosmetik heißt es genau hinschauen, denn hier gibt es einiges an tierischen Inhaltsstoffen, wie etwa Lanolin oder Kollagen. Daher werden auch diese Erzeugnisse von Veganern abgelehnt. In Produktdatenbanken im Internet können Sie ich darüber umfassend informieren. Auch hilfreich: ein QR-Code-Checker, der einiges über Herstellung und Inhaltsstoffe verschiedenster Produkte verrät.

Außerdem werden natürlich Produkte abgelehnt, die per Tierversuch getestet wurden.

Dann die Wohnungseinrichtung: Das Ledersofa, ein paar Seidenüberzüge für Kissen, die kuschelige Daunendecke ... Auch hier sind wir umgeben von tierischen Produkten. Es wird jedoch empfohlen, bereits angeschaffte Gegenstände, die vor dem Umstieg zum Veganismus erworben wurden, zu belassen, da dies ressourcenschonender ist als etwas Neues zu kaufen.

Sie sehen, der Veganismus beinhaltet eine ganze Reihe an Aspekten und Überlegungen, die Ernährung ist nur ein Teil davon. Hat man erst einmal die vegane Haltung verinnerlicht, wird es zur Selbstverständlichkeit, sich sehr genau über Produkte, deren Entstehung und Inhaltsstoffe zu informieren. Vegan zu sein bedeutet daher auch, mit offenen Augen und großer Aufmerksamkeit durch die Welt zu gehen – und im persönlich möglichen Rahmen dafür zu sorgen, dass Leid verhindert sowie Ressourcen und Umwelt geschont werden.

Tipps & Tricks

Sie haben sich entschlossen, es mit dem Vegansein zu probieren? Oder zumindest immer mal wieder ein paar vegane Tage einzulegen?

Für den Einstieg haben wir ein paar Tipps zusammengestellt, die Ihnen diese „cleane" Lebensweise in ihren praktischen Anwendungen näherbringen soll.

* Eier

Sie haben ein fantastisches Kuchenrezept, doch werden Eier dazu gebraucht. Was tun?

Es gibt mehrere Alternativen zu Eiern:

- Mehl: Etwa 1 EL Mehl, das mit etwas Wasser angerührt wird, ersetzt ein Ei.
- Apfelmus: 70 g Apfelmus für ein Ei, jedoch sollten auf diese Art nicht mehr als 2 Eier ersetzt werden.
- Banane: Eine ganze Banane entspricht 2 Eiern. Nehmen Sie eine möglichst reife Frucht, zerdrücken sie und rühren sie in den Teig.
- Leinsamen: 1 EL gemahlen und mit etwas Wasser vermischt, quellen lassen; passt gut für den Ersatz von Ei in pikantem Gebäck und Brot.
- Nussmus: 1 EL für 1 Ei.
- Chiasamen: 1 EL vermischt mit 3 EL Wasser.
- Seidentofu: 5 EL püriert für 1 Ei.

Wer auf das Ei-Aroma nicht verzichten möchte, dem kann auch geholfen werden: mit Kala Namak, dem „Indischen Schwarzsalz“. Dieses Gewürz ist seit langem mit der indischen und ayurvedischen Küche verbunden. So mancher vegane Koch zaubert damit sogar „Rührei“.

* Butter

Für Ihr fantastisches Kuchenrezept brauchen Sie nicht nur Eier, für die wir ja nun schon einige Alternativen gefunden haben, sondern auch Butter.

Es gibt bereits zahlreiche Pflanzenbutteralternativen, ebenfalls in jedem Supermarkt erhältlich. Doch Achtung, einige davon sind fürs Backen nicht so gut geeignet. Das steht meist auf der Packung drauf.

Wie bei den Eiern, gibt es auch für Butter mehrere vegane Alternativen:

- Kokosfett.
- Öl: Sollte allerdings nicht 1:1 ersetzt werden, sondern etwa 80 ml für 100 g Butter.
- Fruchtmus: Sollte ebenso nicht in der gleichen Menge ersetzt werden, da der Teig sonst zu flüssig wird. Ersetzen Sie etwa 50% der Fettmenge durch Fruchtmus und fügen noch 2 EL Öl hinzu.

- Sojajoghurt: Auch hier nicht die gesamte Buttermenge 1:1 ersetzen, sondern maximal die Hälfte. Für 100 g Butter nehmen Sie 120 g Sojajoghurt und 1 EL Grieß. Lassen Sie den Grieß etwas im Joghurt quellen, bevor Sie die Mischung weiterverarbeiten.

* Hülsenfrüchte und andere Proteinquellen

Hier kommen die Proteine: Erbsen, Bohnen, Linsen, Lupinen, Kichererbsen und Sojabohnen. Und Erdnüsse – ja, auch die gehören zu den Hülsenfrüchten und sind proteinreich.

Sie sehen, die Auswahl an Proteinquellen ist riesig und sortenreich. Was Sie damit machen können, ist ebenfalls „riesig". So können Sie alle Skeptiker, die Ihre vegane Ernährung für unzureichend erklären, beruhigen.

Und übrigens sind auch Nüsse fantastische Proteinquellen, ebenso Haferflocken, Quinoa, Buchweizen, Kohlgemüse ... Bezüglich Protein müssen Sie sich also keine Sorgen machen.

* Pflanzenmilch

Hier gibt es bereits eine wirklich große Auswahl – und in so gut wie jedem Supermarkt erhältlich. Da ist bestimmt auch für Ihren Geschmack etwas dabei: Mandel, Hafer, Dinkel, Kokos, Reis ... und Soja natürlich. Diese Drinks können 1:1 als Alternative für Vollmilch herhalten.

Für einen „Latte", sei es mit Kaffee, Matcha oder Kurkuma, klappt es bestens mit dem Aufschäumen. Es gibt jedoch auch eigene Pflanzendrinks, die sich besonders gut für den „Latte" eignen mit der Bezeichnung „Barista". Bereiten Sie Ihren „Latte" wie gewohnt zu.

* Nussmus

Kann variantenreich eingesetzt werden. Vom Brotaufstrich bis zum Überbacken von Aufläufen; Soßen bekommen durch etwas Nussmus cremige Konsistenz, Süßspeisen und Eis können damit verfeinert werden – und auch ganz „ohne" schmeckt Nussmus fantastisch. Hier gibt es nicht nur die seit langem gängige Erdnusscreme, sondern auch Mandelmus, Cashewmus, Haselnussmus ...

* Soja

Aus der veganen Küche nicht wegzudenken: Tofu (wird aus geronnener Sojamilch hergestellt) und Tempeh (aus fermentierten Sojabohnen), Milchproduktalternativen zu Joghurt und Quark, und dann natürlich die knackigen Sojasprossen und das Sojamehl.

Probieren Sie sich durch, ersetzen Sie tierische Molkereiprodukte durch Sojaprodukte – das ist wahrscheinlich der einfachste Weg, um damit erst mal vertraut zu werden.

* Käse

Es gibt veganen Käse, doch um ehrlich zu sein, würden wir Ihnen den nicht empfehlen. Um die Konsistenz und die Farbe, den Geruch und den Geschmack möglichst nahe an Tierprodukt-Käse herankommen zu lassen, werden jede Menge Tricks eingesetzt, es ist daher ein ziemliches Kunstprodukt.

Sollten Sie den Käsegeschmack vermissen, so können Sie sich mit Hefeflocken behelfen. Sie werden aus Hefe hergestellt und sind vielseitig verwendbar – zum Würzen und Überbacken, für die Pizza ebenso wie für Salate und Suppen. Ausprobieren!

* Küchenzubehör

Um mit dem veganen Kochen so richtig loslegen zu können, möchten wir Ihnen zumindest zwei Geräte und ein Küchenaccessoire empfehlen:

- Hochleistungsmixer: sollte 1200 - 1400 Watt haben und mindestens 30.000 Umdrehungen pro Minute. Damit können Sie vom Smoothie und der Nice-cream bis zum Nussmus so ziemlich alles machen.
- Stabmixer: Den haben Sie wahrscheinlich schon, falls nicht: Zulegen! Auch wenn Sie letztendlich nicht vegan werden wollen, können Sie den immer gebrauchen – und so teuer ist er auch nicht.
- Backmatte: Wenn Sie viel backen, zahlt sich die Anschaffung einer Backmatte aus, die Sie statt Backpapier verwenden. Das ist ganz im Sinne einer nachhaltigen Lebensweise, die ebenfalls zur veganen Philosophie gehört.

*** Vitamin B12**

Zu guter Letzt noch ein dringender Rat: Schauen Sie auf Ihren B12-Spiegel! Wenn auch die vegane Ernährung ansonsten komplett alles abdeckt, was der Mensch zum Leben braucht – bei Vitamin B 12 könnte es zu Mangelerscheinungen kommen. Lassen Sie daher Ihren Vitamin-Status feststellen und nehmen Sie ausreichend Nahrungsergänzungsmittel für B 12. Lassen Sie sich dabei vom Arzt Ihres Vertrauens beraten.

Sie sehen: Veganer – sie müssen auf gar nichts verzichten, denn es ist die innere Einstellung, die den Menschen und seine Bedürfnisse ausmacht.

Probieren Sie's aus: Drei Tage vegan

Rezepte alle in diesem Kochbuch!

Tag 1

Frühstück:	Bananen-Zimt-Porridge
1. Hauptmahlzeit:	Gebackener Brokkoli
Snack:	Obstteller mit Obst der Saison und Nüssen
2. Hauptmahlzeit:	Braune Linsen mit Serviettenknödel
Süßes:	Energiebällchen

Tag 2

Frühstück:	Fladenbrot aus der Pfanne mit Möhren-Nuss-Aufstrich
1. Hauptmahlzeit:	Rahmgemüse mit Salzkartoffeln
Snack:	Knabber-Kichererbsen
2. Hauptmahlzeit:	Nudel Bowl
Süßes:	Nicecream mit Karamell-Dip

Tag 3

Frühstück:	Obst-Müsli
1. Hauptmahlzeit:	Orientalische Linsensuppe
Snack:	Scharfer Möhrensalat
2. Hauptmahlzeit:	Gefüllte Paprika
Süßes:	Pancakes mit Beeren-Aufstrich-Füllung

EXKLUSIVER BONUS

35 exklusive Abnehmrezepte

inkl. 14-Tage-Abnehmplan, um dauerhaft Bauchfett zu verlieren und schlank zu bleiben

Halten Sie Ihre Handykamera einfach auf den QR Code und kommen Sie so zu dem Gratis-Download:

QR-Code mit Kamera scannen und GRATIS Bonus erhalten:

REZEPTE

HAUPTSPEISEN PIKANT

KARTOFFELGULASCH MIT KICHERERBSEN

ZUTATEN FÜR 4 PORTIONEN:

- 100 g Kichererbsen (oder 200 g fertig gegarte aus der Dose)
- 800 g Kartoffeln, mehlige Sorte
- 1 große Zwiebel
- 2 EL Öl
- 1 TL Paprikapulver
- 1 EL Tomatenmark
- 1 TL Essig
- 1 Lorbeerblatt
- ½ TL Majoran
- Salz, Pfeffer
- (optional: 1 TL Pflanzenbutter, ½ TL Mehl)

Nährwerte pro Portion (4):

242 kcal | 38,8 g Kohlehydrate | 5,5 g Eiweiß | 5,8 g Fett

ZUBEREITUNG:

1. Weichen Sie die Kichererbsen am Tag davor in Wasser ein, schütten Sie das Einweichwasser am nächsten Tag weg und spülen die Kichererbsen mit frischem Wasser ab.
2. Setzen Sie die Kichererbsen in frischem kaltem Wasser auf und kochen sie, bis sie weich sind (dauert etwa 1 Stunde).
   Achtung: Kichererbsen müssen mindestens 20 Minuten gegart werden, davor sind sie giftig, also auch keinesfalls roh essen!

   Falls Sie Kichererbsen aus der Dose verwenden – ebenfalls abwaschen und Wasser aus der Dose nicht mitverwenden.
3. Währenddessen hacken Sie die Zwiebel und verrühren das Tomatenmark mit etwa 200 ml Wasser.
4. Erhitzen Sie das Öl und lassen die gehackte Zwiebel darin angehen.
5. Nun streuen Sie das Paprikapulver ein, lassen es ganz kurz mitrösten und löschen mit Essig ab. Kurz durchrühren und mit Tomatenmarkwasser aufgießen, legen Sie das Lorbeerblatt ein.
   Lassen Sie die Soße köcheln, bis sie auf etwa die Hälfte eingekocht ist.
6. In der Zwischenzeit schälen Sie die Kartoffeln und schneiden sie in nicht zu kleine Würfel.
7. Geben Sie die Kartoffelwürfel nun in die Soße, gießen eventuell noch etwas Wasser zu, die Kartoffeln sollen bedeckt sein. Salzen und pfeffern Sie das Gulasch und würzen mit Majoran.
8. Lassen Sie das Gulasch so lange auf kleiner Flamme köcheln, bis die Kartoffeln gegart sind.
9. Zuletzt fügen Sie die Kichererbsen hinzu und lassen alles zusammen noch mal aufkochen.
   Rühren Sie das Gulasch mehrmals gut durch – durch die mehligen Kartoffeln wird die Soße sämig. Wollen Sie es noch etwas sämiger, verkneten Sie 1 TL Pflanzenbutter mit ½ TL Mehl, rühren es ins Gulasch ein und lassen das Gericht noch mal drei Minuten köcheln.

GEFÜLLTE PAPRIKA

ZUTATEN FÜR 4 PORTIONEN:

- 4 Paprikaschoten
- 50 g Reis (roh gewogen)
- 1 Zwiebel
- 3 Zehen Knoblauch
- 3 Tomaten
- ½ Bund Petersilie
- 2 EL Öl
- 1 TL getrocknete Minze

Tomatensoße:

- 600 g sehr reife Tomaten
- 20 g Mehl
- 1 Zwiebel
- 20 g Pflanzenfett
- 1 EL Öl
- 250 ml Gemüsebrühe
- 1 EL Tomatenmark

Nährwerte pro Portion (4):

442 kcal | 54,7 g Kohlehydrate | 13,9 g Eiweiß | 16,7 g Fett

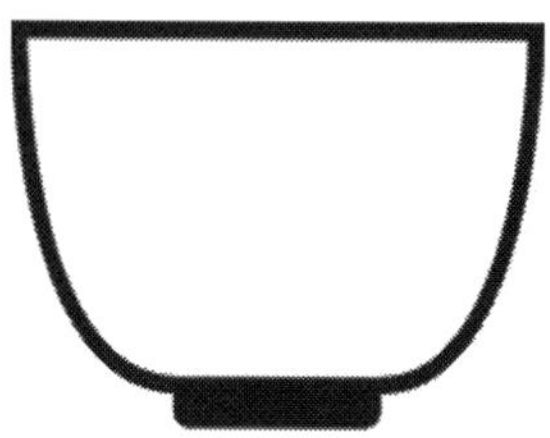

ZUBEREITUNG:

1 Bereiten Sie zunächst die Tomatensoße zu:

a) Hacken Sie die Zwiebel fein und schneiden die Tomaten in sehr kleine Stücke.
b) Erhitzen Sie in einer Kasserolle Öl und fügen auch das Pflanzenfett zu. Darin rösten Sie die Zwiebel an, streuen dann das Mehl ein, rösten es kurz mit und gießen mit der Gemüsebrühe auf.
c) Rühren Sie die kleingeschnittenen Tomaten und das Tomatenmark ein.
d) Lassen Sie die Soße etwa 20 Minuten lang köcheln.
e) Pürieren Sie die Soße mit dem Stabmixer.

2 Während die Soße köchelt, garen Sie den Reis.

3 Heizen Sie das Backrohr auf 180°C vor.

4 Hacken Sie Zwiebel, Knoblauch, Petersilie und Tomaten für die Paprikafüllung fein.

5 Rösten Sie die Zwiebel in Öl, etwas später kommt der Knoblauch dazu und wird kurz mitgeröstet, dann fügen Sie die geschnittenen Tomaten hinzu und rösten alles, bis die Tomaten gar sind. Zuletzt lassen Sie die gehackte Petersilie noch kurz mitrösten, salzen und pfeffern Sie die Mischung, fügen die Minze hinzu und rühren alles unter den gekochten Reis.

6 Schneiden Sie von den Paprikaschoten einen Deckel ab, entfernen die Kerne und die weißen Stege.

7 Füllen Sie die Reismischung in die Schoten.

8 Gießen Sie die Tomatensoße eine feuerfeste Form. Setzen Sie die gefüllten Schoten hinein und verschließen die Schoten mit den Deckeln.

9 Backen Sie die gefüllten Paprika auf der unteren Schiene des Backrohrs etwa 45 Minuten lang.

KRAUTFLECKERL

ZUTATEN FÜR 4 PORTIONEN:

- 200 g Fleckerlteigware ohne Ei
- ca. 500 g Weißkohl
- 3 EL Öl
- 1 EL Zucker
- 1 Zwiebel
- Gemüsebrühe
- 1 EL glattes Mehl
- Salz, Kümmel
- ein Spritzer Essig
- 1 Tasse Kresse (optional)

Nährwerte pro Portion (4):

328 kcal | 45,3 g Kohlehydrate | 10 g Eiweiß | 10,4 g Fett

ZUBEREITUNG:

1. Waschen Sie das Kraut und schneiden es in feine Streifen. Überbrühen Sie es kurz mit kochendem Wasser.
2. Hacken Sie die Zwiebel.
3. Bräunen Sie den Zucker im heißen Öl, fügen die Zwiebel hinzu und rösten sie kurz mit.
4. Nun geben Sie das Kraut dazu, rühren gut um und gießen nach und nach löffelweise mit der Gemüsebrühe auf. Würzen Sie mit Salz und Kümmel.
5. Dünsten Sie das Kraut, bis es weich ist. Eventuell schmecken Sie noch nach Belieben mit etwas Essig und Pfeffer ab.
6. Während das Kraut dünstet, kochen Sie die Fleckerlteigware und hacken den Schnittlauch, bzw. bereiten die Kresse vor.
7. Mischen Sie die Fleckerln zum Kraut und bestreuen die Krautfleckerln mit Kresse (optional).

SPINATTASCHEN

ZUTATEN FÜR 4 PORTIONEN:

Teig:

- 150 g Weizenmehl
- 150 g Roggenmehl
- ¼ Liter Wasser
- Salz

Fülle:

- 500 g Blattspinat
- 30 g Pflanzenbutter
- 2 gekochte und zerdrückte Kartoffeln, mehlige Sorte
- 1 EL Brösel
- Salz, eine Prise frisch geriebene Muskatnuss
- 2 Zehen Knoblauch
- 4 EL zerlassene Pflanzenbutter

Nährwerte pro Portion (4):

450 kcal | 64,2 g Kohlehydrate | 9,1 g Eiweiß | 15,6 g Fett

ZUBEREITUNG:

1. Bereiten Sie als erstes die Fülle zu:
   a) Dünsten Sie den Spinat in etwas Salzwasser halb weich, lassen Sie ihn abtropfen und schneiden ihn klein.
   b) Schwenken Sie ihn in der Pflanzenbutter und rühren die Brösel und die zerdrückten Kartoffeln unter. Würzen Sie die Masse mit Salz und Muskatnuss.
2. Kneten Sie aus Mehl, Wasser und Salz einen festen Teig und rollen ihn etwa 2 mm dick aus.
3. Stechen Sie aus dem Teig mithilfe einer Tasse Scheiben mit etwa 12 cm Durchmesser aus.
4. Setzen Sie auf jede Scheibe auf die untere Hälfte 1 EL Fülle, dann schlagen Sie den oberen Rand darüber und drücken ihn zusammen, sodass eine geschlossene „Tasche“ entsteht.
5. Legen Sie die Spinatkrapfen in kochendes Wasser, lassen noch mal aufkochen. Die Krapfen lassen Sie nun im heißen Wasser ziehen, bis sie an die Oberfläche kommen.
6. Währenddessen drücken Sie die Knoblauchzehen durch die Knoblauchpresse und vermischen sie mit der zerlassenen Pflanzenbutter.
7. Sind die Krapfen fertig gegart, schwenken Sie sie in der Knoblauchbutter.

ÜBERBACKENER KARTOFFEL-AUBERGINEN-AUFLAUF

ZUTATEN FÜR 4 PORTIONEN:

- 1 große Aubergine
- 500 g Kartoffeln, in der Schale gekocht
- 3 EL Mehl
- Öl
- Salz und Pfeffer

Béchamel:

- 5 EL Pflanzenbutter
- 3 EL Mehl
- 400 ml Sojamilch
- Salz

Soße zum Überbacken:

- 200 g Kartoffeln, mehlige Sorte
- 2 Möhren
- 1 Zwiebel
- 3 Zehen Knoblauch
- 6 EL Cashewmus
- 2 EL Hefeflocken
- 1 EL Zitronensaft
- ½ EL Senf
- Salz, edelsüßes Paprikapulver

Kruste:

- 3 EL vegane Brösel
- 1 EL Pflanzenbutter

Nährwerte pro Portion (4):

503 kcal | 54,7 g Kohlehydrate | 12,4 g Eiweiß | 24,5 g Fett

ZUBEREITUNG:

1 Bereiten Sie zunächst die Soße zum Überbacken zu:

a) Schälen Sie die Kartoffeln, Zwiebel und Möhren und schneiden sie klein.
b) Dünsten Sie das Gemüse mit etwas Wasser, bis es weich ist.
c) Währenddessen drücken Sie den Knoblauch durch die Knoblauchpresse.
d) Pürieren Sie das gedünstete Gemüse mit dem Cashewmus und den restlichen Soße-Zutaten. Nicht allzu viel Gemüsekochwasser zugeben, da die Soße sonst zu dünnflüssig wird.

2 In der Zwischenzeit garen Sie die Kartoffeln für den Auflauf in der Schale, schälen sie und schneiden sie in Scheiben.

3 Putzen Sie die Aubergine und schneiden sie in nicht allzu dicke Scheiben. Salzen Sie sie gut ein und lassen sie etwa 20 Minuten abtropfen.

4 Währenddessen bereiten Sie die Béchamelsoße zu:

a) Schmelzen Sie das Pflanzenfett und rühren das Mehl ein.
b) Lassen Sie das Mehl anlaufen, rösten es kurz durch und gießen mit der Sojamilch auf.
c) Kochen Sie das Béchamel etwa 5 Minuten durch, wobei Sie immer wieder umrühren und eventuell ein wenig Sojamilch nachgießen - Béchamel brennt leicht an, daher Vorsicht! Es soll jedoch gut dickflüssig sein.

5 Mischen Sie das Mehl aus Zutatenposition 1 mit etwas Salz und Pfeffer und wenden die noch mal abgebrausten und abgetupften Auberginenscheiben darin.

6 Braten Sie die Auberginenscheiben in ausreichend Öl heraus und legen sie zum Abtropfen auf ein Papier-Küchentuch.

7 Heizen Sie den Backofen auf 180°C vor. Fetten Sie eine Auflaufform mit etwas Öl.

8 Schichten Sie in die Auflaufform Kartoffel- und Auberginenscheiben ein und gießen immer wieder etwas Béchamel dazwischen.

9 Übergießen Sie den Auflauf mit der Soße zum Überbacken und bestreuen ihn mit Bröseln. Setzen Sie auf die Bröseln einige Flöckchen Pflanzenbutter oder besprühen sie mit etwas Öl.

10 Überbacken Sie den Auflauf etwa 20 Minuten.

ORIENTALISCHE LINSENSUPPE

ZUTATEN FÜR 4 PORTIONEN:

- 250 g rote Linsen
- 1 Rübe Knoblauch
- 2 Zwiebeln
- 1 große Tomate oder 2 kleine
- ½ TL Kreuzkümmel
- Salz
- 2 EL Pflanzenbutter (optional)
- 2 EL Öl
- 4 Stangen Jungzwiebeln

Nährwerte pro Portion (4):

385 kcal | 49,2 g Kohlehydrate | 19,4 g Eiweiß | 10,3 g Fett

ZUBEREITUNG:

1. Waschen Sie die Linsen und geben sie mit etwa 750 ml Wasser in einen Topf.
2. Schneiden Sie aus der Tomate den Stielansatz heraus und geben sie im Ganzen zu den Linsen.
3. Schälen Sie die Knoblauchzehen und geben sie ebenfalls im Ganzen zu den Linsen.
4. Kochen Sie die Linsen, bis sie gänzlich zerkocht sind, Tomate und Knoblauch ganz weich. Sollte zwischenzeitlich die Suppe zu dickflüssig werden, geben Sie noch ein wenig Wasser zu – die Suppe soll schließlich gut sämig, jedoch nicht so dickflüssig wie Brei sein.
5. Während die Suppe kocht, hacken Sie die Zwiebeln fein und rösten sie in ausreichend Öl knusprig-goldbraun.
6. Sind die Linsen ausreichend gegart, pürieren Sie sie mit dem Stabmixer, damit auch Knoblauch und Tomate gut mit der Suppe vermischt sind.
7. Rühren Sie 2 EL Pflanzenbutter unter (optional).
8. Zum Servieren bestreuen Sie die Suppe mit Röstzwiebeln.
   Dazu passen frisches Fladenbrot aus der Pfanne (Rezept bei „Snacks, Dips & Aufstriche“) und Jungzwiebeln.

BLUMENKOHL-KARTOFFEL-PUFFER

ZUTATEN FÜR 4 PORTIONEN:

- 500 g Kartoffeln, mehlige Sorte
- 400 g Blumenkohl
- 2 EL Pflanzenbutter und 1 EL Öl
- 2 Zehen Knoblauch
- ca. 3 cm Ingwer
- ½ TL Kreuzkümmel
- 2 EL Zitronensaft
- Öl zum Herausbraten

Nährwerte pro Portion (4):

266 kcal | 25,5 g Kohlehydrate | 5,3 g Eiweiß | 14,6 g Fett

ZUBEREITUNG:

1. Kochen Sie die Kartoffeln in der Schale, schälen sie und drücken sie durch die Kartoffelpresse.
2. Hacken und zerbröseln Sie den Blumenkohl sehr fein („Blumenkohlreis"), schälen den Ingwer und reiben ihn. Drücken Sie die geschälten Knoblauchzehen durch die Knoblauchpresse.
3. Schmelzen Sie das Pflanzenfett in einer Pfanne und fügen 1 EL Öl hinzu. Rösten Sie im Fett den Kreuzkümmel kurz an und geben den Blumenkohl dazu. Rühren Sie mehrmals gut durch und fügen den Knoblauch hinzu. Rösten Sie alles etwa 3 Minuten gut durch, Blumenkohl darf dabei leicht bräunen.
4. Fügen Sie den Ingwer hinzu und rösten alles noch einige Minuten unter Rühren weiter, bis der Blumenkohl durchgegart ist. Rühren Sie dabei hin und wieder 1 EL Wasser unter.
5. Vermischen Sie die zerdrückten Kartoffeln mit dem Blumenkohl und fügen den Zitronensaft zu. Verkneten Sie alles gut miteinander.
6. Aus der Masse formen Sie Plätzchen, die Sie in Öl herausbraten.
   Dazu passt der Hummus-Paprika-Dip oder vegane Joghurt-Dip (Rezepte unter „Snacks, Dips & Aufstriche").

GEMÜSE-EINTOPF MIT REIS UND ROTEN LINSEN

ZUTATEN FÜR 4 PORTIONEN:

- 2 kleine Tassen Vollkornreis
- 2 rote Paprikaschoten
- 4 Stangen Jungzwiebeln
- 1 Zucchini
- 4 Möhren
- 2 dünnschalige Tomate
- 150 g rote Linsen
- 2 EL Öl
- etwa 500 ml Gemüsebrühe
- 1 TL Curry
- 1 Bund Schnittlauch
- ½ Bund Petersilie

Nährwerte pro Portion (4):

345 kcal | 50,3 g Kohlehydrate | 15,2 g Eiweiß | 6,8 g Fett

ZUBEREITUNG:

1. Bereiten Sie den Vollkornreis zu, indem Sie ihn mit 4 Tassen Wasser aufkochen, danach bei kleiner Hitze mit Deckel 35 Minuten köcheln und schließlich 10 Minuten quellen lassen.
2. In der Zwischenzeit putzen Sie das Gemüse, schneiden die Jungzwiebel in Röllchen, Möhren, Paprikas, Tomaten und Zucchini in Würfel. Zucchini zur Seite stellen.
3. Waschen Sie die Linsen und dünsten sie in 1 EL Öl an, löschen Sie mit der Gemüsebrühe ab und fügen den Curry hinzu.
4. Nun geben Sie das Gemüse, außer der Zucchini, zu und dünsten es etwa 10 Minuten, dann kommen auch die Zucchiniwürfel in den Topf. Dünsten Sie alles weitere 3 bis 4 Minuten und mischen dann den gegarten Reis unter – lasse Sie alles zusammen weitere 1 bis 2 Minuten durchkochen.
5. Hacken Sie Schnittlauch und Petersilie und bestreuen das Gericht zum Servieren mit den Kräutern.

AFRIKANISCHE BOHNEN

ZUTATEN FÜR 4 PORTIONEN:

- 200 g Saubohnen, trocken (alternativ 500 g Bohnen aus der Dose)
- 1 Zwiebel
- 1 große Tomate
- 2 Zehen Knoblauch
- 4 EL Öl
- 2 EL Leinöl
- 2 EL Erdnussbutter
- 125 ml Brühe
- Kreuzkümmel
- 100 g veganer Kräuterkäse (optional, Rezept bei „Snacks, Dips & Aufstriche")

Nährwerte pro Portion (4) (ohne Kräuterkäse):

440 kcal | 33,6 g Kohlehydrate | 22,4 g Eiweiß | 23 g Fett

ZUBEREITUNG:

1. Weichen Sie die Bohnen am Vortag ein. Schütten Sie am nächsten Tag das Einweichwasser weg und kochen die Bohnen in frischem Wasser, bis sie weich sind.
2. Hacken Sie die Zwiebel, schneiden die Tomate in kleine Stückchen und drücken den Knoblauch durch die Knoblauchpresse.
3. Rösten Sie die Zwiebel in 4 EL Öl an, geben dann den Knoblauch dazu und rösten ihn kurz mit, danach die Tomatenstückchen. Rösten Sie weiter, bis die Tomatenstückchen weich sind.
4. Pürieren Sie die Soße und fügen die gekochten Bohnen hinzu sowie die Brühe. Würzen Sie mit Kreuzkümmel und lassen alles 15 Minuten lang bei kleiner Hitze köcheln.
5. Zerdrücken Sie etwa ein Viertel der Bohnen und rühren die Erdnussbutter und die unzerdrückten Bohnen unter.
6. Zum Servieren beträufeln Sie das fertige Gericht mit etwas Leinöl und bestreuen es mit einer Prise Kreuzkümmel, darauf verteilen Sie ein wenig veganen Kräuterkäse (optional).

PASTA BOWL

ZUTATEN FÜR 6 PORTIONEN:

- 400 g Bandnudeln ohne Ei
- 3 Schalotten
- 3 EL Öl
- 500 ml Gemüsebrühe
- 250 g Blattspinat
- 300 g Cherry-Tomaten
- 5 Stk. getrocknete Tomaten in Öl
- 2 EL Tomatenmark
- 2 Zehen Knoblauch
- frischer Thymian (alternativ getrockneter)
- frischer Rosmarin (alternativ getrockneter)
- edelsüßer Paprika
- Salz und Pfeffer
- 120 g vegane Crème fraîche (Rezept bei „Snacks, Dips & Aufstriche“ oder Fertigprodukt)

Nährwerte pro Portion (6):

422 kcal | 53,9 g Kohlehydrate | 14,1 g Eiweiß | 15,3 g Fett

ZUBEREITUNG:

1. Waschen und putzen Sie den Spinat und überbrühen ihn 3 Minuten mit kochendem Wasser; schneiden Sie ihn danach in Streifen.
2. Hacken Sie die Schalotten und schneiden Sie die getrockneten Tomaten in Streifen, halbieren Sie die Cherry-Tomaten. Drücken Sie den Knoblauch durch die Knoblauchpresse. Waschen Sie Thymian und Rosmarin und hacken sie fein.
3. Erhitzen Sie Öl in einer ausreichend großen Kasserolle und dünsten darin die Schalotten an, geben den Knoblauch zu und rösten ihn kurz mit, danach das Tomatenmark und das Paprikapulver.
4. Fügen Sie unter Rühren die restlichen Zutaten inklusive der Nudeln zu, gießen mit der Gemüsebrühe auf und würzen mit Salz und Pfeffer.
5. Kochen Sie die Bowl bei mittlerer Hitze und geschlossenem Deckel etwa 10 Minuten, bis die Nudeln bissfest sind und rühren zuletzt die vegane Crème fraîche ein.

TORTELLINI MIT BRENNNESSELSPINAT-FÜLLUNG

ZUTATEN FÜR 4 PORTIONEN:

- 200 g Hartweizengrieß
- 125 g Weizenmehl
- ½ TL Salz
- 2 EL geschmolzene Pflanzenbutter
- ½ Bund Schnittlauch, in Röllchen geschnitten

Füllung:

- 250 g Brennnesselspitzen (alternativ: Blattspinat)
- 1 Zwiebel
- 1 Zehe Knoblauch
- 100 ml Pflanzenmilch
- 1 gekochte Kartoffel, mehlige Sorte
- 1 EL Öl
- Salz und Pfeffer

Nährwerte pro Portion (4):

371 kcal | 65,8 g Kohlehydrate | 12,7 g Eiweiß | 5,5 g Fett

ZUBEREITUNG:

1 Für den Teig den Hartweizengrieß, das Salz und das Mehl mit 125 ml kaltem Wasser verkneten, sodass ein fester Teig entsteht. Sollte er etwas zu klebrig sein, mischen sie noch etwas Mehl hinzu, wenn er zu trocken ist, etwas Wasser. Lassen Sie ihn, in ein Stoff-Küchentuch gewickelt und in einem Gefäß mit Deckel, im Kühlschrank ruhen, bis Sie die Füllung vorbereitet haben.

2 Für die Füllung überbrühen Sie die Brennnesselspitzen 2 Minuten mit kochendem Wasser, lassen sie abtropfen und schneiden sie in Streifen.

3 Hacken Sie die Zwiebel fein und drücken den Knoblauch durch die Knoblauchpresse. Rösten Sie zuerst die Zwiebel in Öl und fügen etwas später den Knoblauch hinzu.

4 Geben Sie nun die Brennnesselstreifen zu und rösten alles 2 Minuten weiter, stauben mit 1 TL Mehl und gießen mit der Pflanzenmilch auf. Lassen Sie alles unter ständigem Rühren gut durchkochen.

5 Zerdrücken Sie die gekochte Kartoffel und rühren sie unter den Spinat. Mit dem Stabmixer pürieren Sie alles zu cremig-fester Konsistenz.

6 Holen Sie den Teig aus dem Kühlschrank und rollen ihn auf einer bemehlen Arbeitsfläche dünn aus.

7 Stechen Sie mithilfe einer Tasse Kreise von etwa 5 cm Durchmesser aus. Darauf setzen Sie in die Mitte je etwa 1 TL der Füllung.

8 Befeuchten Sie die Ränder mit Wasser. Schlagen Sie nun den Teig über die Füllung zu einem Halbkreis zusammen und drücken die Ränder gut fest.

9 Biegen Sie den Halbkreis nun zu einem „Mond“, wickeln die Enden noch etwas weiter übereinander und drücken sie gut zusammen.

10 Kochen Sie die Tortellini etwa 8 Minuten in Salzwasser.

11 1Zum Servieren schwenken Sie sie in etwas Pflanzenbutter und bestreuen sie mit Schnittlauch.

AUBERGINEN-GULASCH MIT QUINOA

ZUTATEN FÜR 4 PORTIONEN:

- 2 Auberginen
- 2 Zwiebeln
- 3 Zehen Knoblauch
- 2 EL Öl
- 2 cm Ingwer
- 1 TL Kreuzkümmel
- 750 g stückige Tomaten
- 1 EL Cashewmus (optional)
- Salz
- 200 g Quinoa
- 1 TL Pflanzenbutter

Nährwerte pro Portion (4):

206 kcal | 5,4 g Kohlehydrate | 1,6 g Eiweiß | 7,3 g Fett

ZUBEREITUNG:

1. Waschen Sie die Quinoa gut unter fließendem Wasser und geben sie mit der doppelten Menge Wasser in einen Topf. Lassen Sie das Wasser einmal kurz aufkochen, dann garen Sie die Quinoa bei mittlerer Hitze etwa 20 Minuten.
2. Waschen und putzen Sie die Auberginen und schneiden sie in große Würfel.
3. Hacken Sie die Zwiebel und drücken den Knoblauch durch die Knoblauchpresse. Schälen Sie den Ingwer und reiben ihn fein.
4. Braten Sie die Auberginenwürfel in Öl kräftig an und fügen etwas später Zwiebel und Knoblauch zu.
5. Nun geben Sie Ingwer und Kreuzkümmel dazu und braten alles zusammen kurz weiter.
6. Gießen Sie die stückigen Tomaten mit Soße auf und lassen alles etwa 5 Minuten lang einkochen. Zuletzt schmecken Sie das Auberginen-Gulasch mit etwas Salz ab und rühren 1TL Cashewmus ein (optional).
7. Salzen Sie die fertig gequollene Quinoa und mischen etwas Pflanzenbutter unter.

GEBACKENER BROKKOLI

ZUTATEN FÜR 4 PORTIONEN:

- 100 g Weizenvollkornmehl, fein gemahlen
- 100 g Weizenmehl
- 1 TL Öl
- ½ TL Salz
- 1 TL gemahlener Ingwer
- 1 Rose Brokkoli
- etwa ½ Liter Öl zum Frittieren

Nährwerte pro Portion (4):

337 kcal | 35,4 g Kohlehydrate | 8,2 g Eiweiß | 16,7 g Fett

ZUBEREITUNG:

1. Mischen Sie das Mehl mit 1 EL Öl, den Gewürzen und etwa 250 ml lauwarmem Wasser.
2. Verrühren Sie alles gut zu einem glatten, dickflüssigen Teig.
3. Lassen Sie den Teig etwa 20 Minuten rasten. Ist der Teig nach der Ruhezeit zu „dick“, rühren Sie noch Wasser ein.
4. Während der Ruhezeit zerzupfen Sie den Brokkoli zu kleinen Röschen und schneiden den Stamm in nicht zu dicke Scheiben.
5. Erhitzen Sie das Öl auf etwa 180°C.
6. Ziehen Sie die Gemüseteile einzeln durch den Backteig und backen sie schwimmend in Öl heraus. Lassen Sie sie auf Küchenpapier abtropfen.
   Dazu passt der scharfe Möhrensalat (Rezept unter „Beilagen, Salate & Soßen“).

RICENOODLE BOWL

ZUTATEN FÜR 4 PORTIONEN:

- 125 g Erdnussbutter
- 125 ml Sojasoße
- 1 EL Chilisoße
- 2 EL Ahornsirup
- 1 EL Reisessig
- 2 EL Sesamöl
- 250 g Tofu
- 250 g Reisnudeln (Asia-Laden) oder schmale Bandnudeln ohne Ei
- 5 Stangen Jungzwiebel
- einige Blätter Grünkohl
- 2 EL Sesamsaat

Nährwerte pro Portion (4):

641 kcal | 67 g Kohlehydrate | 22 g Eiweiß | 30,4 g Fett

ZUBEREITUNG:

1. Für die Soße mixen Sie Erdnussbutter mit Sojasoße, Chilisoße, Ahornsirup und Reisessig.
2. Hacken Sie die Jungzwiebel in nicht zu schmale Röllchen und behalten davon etwa eine Handvoll zurück. Schneiden die Wirsingblätter in Streifen.
3. Kochen Sie die Reisnudeln laut Anweisung auf der Packung.
4. Schneiden Sie den Tofu in mundgerechte Stücke und braten ihn bei großer Hitze in Sesamöl etwa 4 bis 5 Minuten unter ständigem Rühren.
5. Drehen Sie die Hitze auf medium herunter, fügen Jungzwiebelröllchen und Wirsingstreifen hinzu und 1 EL Wasser.
6. Rösten Sie alles unter Rühren weiter, bis der Wirsing zusammenfällt und das Wasser verkocht ist.
7. Rühren Sie etwa 2/3 der Erdnusssoße zu Tofu und Gemüse und mischen Sie alles gut durch.
8. Nun fügen Sie die gekochten Nudeln zu und verrühren alles gut. Erwärmen Sie die restliche Erdnusssoße (falls bereits erkaltet).
9. Verteilen Sie die Nudeln auf vier Teller und übergießen sie mit der warmen Erdnusssoße.
   Bestreuen Sie die Nudeln mit je 1 EL Sesamsaat und frischen Jungzwiebelröllchen.

LINSENNUDELN MIT GEMÜSE

ZUTATEN FÜR 4 PORTIONEN:

- 250 g Linsennudeln (Teigware aus Linsenmehl)
- 2 Zwiebeln
- 2 EL Kokosfett (geschmacksneutral)
- 2 Möhren
- 1 Fenchelknolle
- 150 g Kirschtomaten
- 200 ml Kokosmilch
- 1 TL Oregano
- ½ TL Salz
- ½ Bund Petersilie
- frisch gemahlener schwarzer Pfeffer

Nährwerte pro Portion (4):

398 kcal | 52 g Kohlehydrate | 11,6 g Eiweiß | 14,7 g Fett

ZUBEREITUNG:

1. Kochen Sie die Nudeln nach der Anleitung auf der Packung.
2. Waschen und putzen Sie die Möhren, die Fenchelknolle und die Tomaten. Schneiden Sie die Möhren in Stifte, die Fenchelknolle in Streifen und halbieren die Tomaten.
3. Hacken Sie die Zwiebel klein und braten sie in Kokosfett glasig. Dann fügen Sie mit etwas Wasser das restliche Gemüse hinzu und garen es so lange, dass es noch bissfest ist.
4. Rühren Sie die Kokosmilch unter das Gemüse und würzen mit Salz und Oregano.
5. Hacken Sie die Petersilie und mischen sie mit dem Gemüse unter die Nudeln. Würzen Sie das Gericht mit etwas frisch gemahlenem schwarzen Pfeffer.

PILZRISOTTO

ZUTATEN FÜR 4 PORTIONEN:

- 200 g Rundkornreis (Risottoreis)
- 350 ml Gemüsebrühe
- 1 Zwiebel
- 1 Zehe Knoblauch
- 3 EL Olivenöl
- 200 g Champignons
- 100 g Austernpilze
- 1 TL Salz
- 3 EL Hefeflocken
- frischer Oregano (ersatzweise getrockneter)
- frisch gemahlener schwarzer Pfeffer

Nährwerte pro Portion (4):

189 kcal | 16,8 g Kohlehydrate | 4,5 g Eiweiß | 10,8 g Fett

ZUBEREITUNG:

1. Hacken Sie Zwiebel und Knoblauch fein. Braten Sie zunächst die Zwiebel in Olivenöl an und geben etwas später den Knoblauch dazu und rösten ihn mit.
2. Fügen Sie nun den gewaschenen Reis hinzu und rühren gut um. Gießen Sie die Gemüsebrühe zu und lassen den Reis kurz köcheln, dann bei geschlossenem Deckel quellen.
3. Währenddessen putzen Sie die Pilze und schneiden sie in mundgerechte Stücke.
4. Braten Sie die Pilze in etwas Olivenöl an und salzen sie. Lassen Sie sie bei geschlossenem Deckel garen. Sie sollen nicht zu weich werden.
5. Vermischen Sie die Pilze mit den Hefeflocken und rühren beides unter den Reis.
6. Zum Servieren garnieren Sie die Portionen mit etwas frischem Oregano und mahlen schwarzen Pfeffer darüber.

AUBERGINEN-LINSEN-AUFLAUF

ZUTATEN FÜR 6 PORTIONEN:

- 800 g Kartoffeln
- 2 große Auberginen
- 3 EL Olivenöl
- 200 g braune Linsen
- (roh gewogen; alternativ 400 - 500 g fertige gekochte Linsen aus der Dose)
- 300 g Tomatenpüree
- 100 g stückige Tomaten
- 1 Zwiebel
- 2 Zehen Knoblauch
- 2 Lorbeerblätter
- 1 TL Thymian
- 1 TL edelsüßer Paprika

Für die oberste Auflaufschichte:

- 800 g mehlige Kartoffeln
- 40 ml Pflanzenmilch
- 3 EL Pflanzenbutter
- eine Prise geriebene Muskatnuss
- ½ Bund Petersilie

Nährwerte pro Portion (6):

465 kcal | 66,8 g Kohlehydrate | 16,6 g Eiweiß | 12,1 g Fett

ZUBEREITUNG:

1 Weichen Sie die Linsen am Vortag ein, schütten am nächsten Tag das Einweichwasser weg und kochen sie, bis sie weich sind. (Sie können auch fertig gekochte Linsen aus der Dose nehmen).
2 Heizen Sie das Backrohr auf 200°C vor.
3 Schälen Sie die Kartoffeln aus Zutaten Position1 und schneiden sie in etwa ½ cm dicke Scheiben.
4 Putzen Sie die Auberginen und schneiden sie der Länge nach in je 4 Scheiben.
5 Legen Sie die Kartoffel- und Auberginenscheiben auf ein mit einer Backmatte / Backpapier belegtes Backblech, pinseln sie mit Olivenöl ein und backen sie 20 Minuten.
6 Währenddessen hacken Sie für das Linsenragout die Zwiebel und den Knoblauch. Braten Sie zunächst die Zwiebel und fügen etwas später den Knoblauch hinzu. Braten Sie beides unter Rühren etwa 2 bis 3 Minuten.
7 Löschen Sie mit dem Tomatenpüree ab, fügen auch die stückigen Tomaten hinzu sowie alle Gewürze und rühren gut durch.
8 Zuletzt kommen die gekochten Linsen dazu. Lassen Sie alles bei kleiner Hitze etwa 5 Minuten köcheln.
9 Bereiten Sie die oberste Auflaufschichte vor:

a) Schälen Sie die mehligen Kartoffeln und schneiden sie in kleine Stückchen.
b) Kochen Sie sie in Salzwasser etwa 15 Minuten und schütten das Kochwasser weg.
c) Geben Sie Pflanzenbutter, Muskat und nach Geschmack Salz und Pfeffer hinzu, rühren die Pflanzenmilch ein und stampfen die Kartoffeln mit einem Püreestampfer zu festem Püree.

10 Eine Auflaufform einfetten und die Hälfte der Kartoffel- und Auberginenscheiben einschichten.
11 1Darauf kommt eine Schichte Linsenragout, darüber wieder eine Schichte mit Kartoffeln und Auberginen.
12 Als letzte Schichte geben Sie das Kartoffelpüree darauf und streichen es glatt. Setzen Sie einige Pflanzenbutter-Flöckchen darauf.
13 Backen Sie den Auflauf etwa 15 Minuten, danach schalten Sie für ein paar Minuten die Grillfunktion des Backrohrs ein und braten weiter, bis das Kartoffelpüree goldbraun ist.
14 Hacken Sie die Petersilie und bestreuen die Portionen vor dem Servieren.

GEMÜSEPFANNE MIT HIRSE

ZUTATEN FÜR 4 PORTIONEN:

- 200 g festkochende Kartoffeln
- 1 mittelgroßer Kohlrabi
- 2 Möhren
- 1 Zwiebel
- 1 EL Olivenöl
- 3 EL Gemüsebrühe
- Kümmel
- frische Kräuter nach Belieben, fein gehackt
- 3 EL Hefeflocken

Hirse:

- 2 Tassen Hirse
- 4 Tassen Gemüsebrühe
- 1 große Zwiebel
- 1 Zehe Knoblauch
- 1 Lorbeerblatt
- 1 EL Olivenöl

Nährwerte pro Portion:

296 kcal | 49 g Kohlehydrate | 8,3 g Eiweiß | 5 g Fett

ZUBEREITUNG:

1 Bereiten Sie zunächst die Hirse zu – diese kann quellen, während Sie das Gemüse kochen.

a) Waschen Sie die Hirse gründlich mit heißem Wasser.
b) Hacken Sie die Zwiebel und den Knoblauch fein.
c) Rösten Sie die Zwiebel in Olivenöl, bis sie glasig ist, fügen dann den Knoblauch hinzu und rösten kurz weiter (Achtung – Knoblauch brennt leicht an!)
d) Nun rühren Sie die gewaschene Hirse ein und rösten sie unter weiterem ständigem Rühren etwas an.
e) Gießen Sie mit der Gemüsebrühe auf, würzen mit Salz und legen das Lorbeerblatt ein.
f) Lassen Sie alles etwa 5 Minuten bei kleiner Hitze köcheln.
g) Danach drehen Sie die Hitze ab und lassen die Hirse noch 30 Minuten lang quellen.

2 Währenddessen schälen und putzen Sie Kohlrabi, Möhren und Kartoffeln und schneiden sie in nicht zu große Würfel.
3 Hacken Sie die Zwiebel fein und rösten sie in Olivenöl.
4 Mengen Sie das Gemüse bei und rösten es einige Minuten lang mit, wobei Sie ständig umrühren.
5 Gießen Sie mit etwas Gemüsebrühe auf und lassen das Gemüse bei kleiner Hitze so lange köcheln, bis es weich ist.
6 Schmecken Sie mit Salz und Pfeffer ab und bestreuen das Gericht mit Hefeflocken und den gehackten Kräutern.

KRAUTROULADEN MIT COUSCOUS-FÜLLUNG

ZUTATEN FÜR 4 PORTIONEN:

- 100 g Couscous
- 1 Kopf Weißkohl
- 2 Möhren
- 1 Zehe Knoblauch
- 1 große Zwiebel, fein gehackt
- 4 EL Pflanzenöl
- 100 g Sojajoghurt
- 100 g veganer Frischkäse
- 20 g Kürbiskernschrot
- 2 EL Hefeflocken
- 1 Bund Petersilie, gehackt
- 250 ml Gemüsebrühe
- Salz, Pfeffer
- Faden zum Binden der Rouladen

Nährwerte pro Portion:

352 kcal | 37 g Kohlehydrate | 13,3 g Eiweiß | 14,5 g Fett

ZUBEREITUNG:

1 Lösen / schneiden Sie vom Kohlkopf etwa 20 Blätter ab.
2 Bringen Sie in einem Topf reichlich Wasser zum Kochen und blanchieren*) Sie die Kohlblätter, danach schrecken Sie sie mit kaltem Wasser ab.
3 Schneiden Sie das restliche Weißkraut in feine Streifen.
4 Bringen Sie 100 ml Gemüsebrühe um Kochen, rühren 1 EL Öl und eine Prise Salz ein, geben den Couscous dazu und lassen ihn etwa 5 Minuten lang quellen.
5 Währenddessen putzen und raspeln Sie die Möhren. Hacken Sie den Knoblauch und die Zwiebel fein.
6 Verrühren Sie Sojajoghurt und veganen Frischkäse zu cremiger Konsistenz.
7 Für die Füllung mischen Sie nun den Couscous mit geraspelten Möhren, Knoblauch, Kürbiskernen, Hefeflocken und 2 EL von der Joghurt-Frischkäse-Mischung. Schmecken Sie mit Salz und Pfeffer ab.
8 Geben Sie je einen EL von der Mischung auf ein Krautblatt, rollen es zu einer Roulade auf und binden es zusammen.
9 Erhitzen Sie 3 EL Pflanzenöl in einer tiefen Pfanne und braten die Rouladen von allen Seiten an.
10 Fügen Sie das feingeschnittene Kraut und die gehackte Zwiebel hinzu, löschen Sie mit der restlichen Gemüsebrühe ab.
11 Lassen Sie die Rouladen etwa 20 Minuten garen und heben sie dann aus der Pfanne.
12 Rühren Sie die restliche Joghurt-Frischkäse-Mischung unter das in der Pfanne verbliebene Gemüse und schmecken mit Salz und Pfeffer ab.
13 Richten Sie die Rouladen mit der Gemüsesoße auf Tellern an und bestreuen sie mit Petersilie.

---

* blanchieren: Gemüse wird in kochend heißem Wasser kurz gegart und dann mit Eiswasser abgeschreckt

MINESTRONE

ZUTATEN FÜR 4 PORTIONEN:

- ¼ Sellerieknolle
- ¼ Weißkohlkopf
- 3 Möhren
- 1 Zwiebel
- 2 Zehen Knoblauch
- 3 EL Olivenöl
- 1,2 Liter Gemüsebrühe
- 100 g Langkornreis
- 250 g Bohnen (Dose oder bereits vorgegarte)
- 120 g stückige Tomaten
- Salz, Pfeffer
- ½ Bund Petersilie, gehackt

Nährwerte pro Portion:

291 kcal | 32,5 g Kohlehydrate | 8,5 g Eiweiß | 12,1 g Fett

ZUBEREITUNG:

1. Schneiden Sie die Sellerieknolle in kleine Würfel und den Weißkohl in feine Streifen.
2. Putzen und schaben Sie die Möhren und schneiden sie ebenfalls in kleine Würfel.
3. Hacken Sie die Zwiebel und die Knoblauchzehen fein.
4. Dünsten Sie Zwiebel und Knoblauch in Olivenöl an und rösten das kleingeschnittene Gemüse kurz mit.
5. Geben Sie die stückigen Tomaten zu, lassen sie ebenfalls kurz mitrösten und gießen mit der Gemüsebrühe auf.
6. Lassen Sie alles etwa 30 Minuten köcheln.
7. In der Zwischenzeit bereiten Sie den Reis zu.
8. Wenn das Gemüse gar ist, fügen Sie Reis und Bohnen zu und würzen mit Salz und Pfeffer.
9. Richten Sie die Minestrone in tiefen Tellern an und bestreuen sie mit Petersilie.

ROTKOHL-PFANNE

ZUTATEN FÜR 4 PORTIONEN:

- 150 g Quinoa
- 1 kleiner Kopf Rotkohl
- 2 Möhren
- 1 Zwiebel
- 300 ml Orangensaft
- 1 TL Currypulver
- 2 EL Pflanzenöl
- 100 g Walnüsse
- Kümmel
- Salz und Pfeffer

Nährwerte pro Portion:

413 kcal | 37,5 g Kohlehydrate | 11 g Eiweiß | 22,9 g Fett

ZUBEREITUNG:

1. Waschen Sie die Quinoa sorgfältig mit fließendem Wasser.
2. Hacken Sie die Zwiebel und rösten sie in Öl an.
3. Fügen Sie die Quinoa mit Currypulver zu, gießen mit Orangensaft auf, kochen den Saft auf und lassen es so lange bei kleiner Hitze köcheln, bis die Quinoa die gesamte Flüssigkeit aufgenommen hat.
4. Putzen Sie die Möhren und schneiden sie in kleine Würfel. Schneiden Sie den Rotkohl in feine Streifen. Hacken Sie die Walnüsse grob.
5. Dünsten Sie die Möhren in Öl an, geben den Rotkohl dazu, würzen mit etwas gemahlenem Kümmel und rösten alles etwa 10 Minuten lang unter ständigem Rühren. Zuletzt geben Sie die Walnüsse dazu und mengen sie unter.
6. Vermischen Sie die Quinoa mit dem Rotkrautgemüse und würzen mit Salz und Pfeffer.

INDIAN KALE-BOWL

ZUTATEN FÜR 4 PORTIONEN:

- 1 Bund Grünkohl
- 4 Möhren
- 1 Zwiebel
- 3 Zehen Knoblauch
- 1 Chilischote
- 1 EL Öl
- 100 ml Gemüsebrühe
- 200 ml Kokosmilch
- 1 TL Senfkörner
- 1 TL Korianderkörner
- ½ TL Currypulver
- 1 TL gemahlener oder frischer Ingwer
- 1 TL Kreuzkümmel

Nährwerte pro Portion:

235 kcal | 12,4 g Kohlehydrate | 7,1 g Eiweiß | 15,7 g Fett

ZUBEREITUNG:

1. Schneiden Sie den Grünkohl in breite Streifen und garen ihn für ca. 5 Minuten in Salzwasser, gießen das Wasser ab und stellen das Gemüse vorerst zur Seite.
2. Putzen Sie die Möhren und schneiden sie klein. Hacken Sie Zwiebel und Knoblauch fein.
3. Zerstoßen Sie Senf- und Korianderkörner und Kreuzkümmel im Mörser.
4. Entkernen Sie die Chilischote und schneiden sie in feine Ringe.
5. Schwitzen Sie die Zwiebel in Öl an, fügen den Knoblauch hinzu und zuletzt die Chiliringe.
6. Nun kommen die zerstoßenen Gewürze und das Currypulver unter ständigem Rühren dazu.
7. Danach fügen Sie die kleingeschnittenen Möhren unter weiterem Rühren hinzu und braten alles etwa 2 Minuten lang.
8. Gießen Sie mit der Gemüsebrühe und der Kokosmilch auf, würzen Sie mit Salz.
9. Lassen Sie alles so lange köcheln, bis die Möhren gegart sind.
   Zuletzt heben Sie den Grünkohl unter und schmecken mit Salz und Pfeffer ab.

   Dazu passen gekochte Kartoffeln.

SÜSSKARTOFFEL-EINTOPF

ZUTATEN FÜR 4 PORTIONEN:

- 3 Süßkartoffeln
- 2 Möhren
- 200 g Mais
- 1 Zwiebel
- 2 Zehen Knoblauch
- 2 EL Mehl
- 200 ml Kokosmilch
- 300 ml Gemüsebrühe
- 1 TL Currypulver
- 1 TL gemahlener oder frischer Ingwer
- 1 EL Hefeflocken
- etwas frischer Koriander, gehackt
- Salz und Pfeffer

Nährwerte pro Portion:

393 kcal | 51,5 g Kohlehydrate | 7,8 g Eiweiß | 14,6 g Fett

ZUBEREITUNG:

1. Schälen und putzen Sie Süßkartoffeln und Möhren und schneiden sie klein. Hacken Sie die Zwiebel und den Knoblauch fein.
2. Braten Sie das Gemüse in heißem Öl etwa 3 Minuten unter ständigem Rühren an, fügen Sie Currypulver und Ingwer unter weiterem Rühren hinzu und rösten sie kurz mit.
3. Nun wird das Mehl eingerührt. Rühren Sie etwa ½ Minute kräftig weiter, damit das Mehl nicht anbrennt.
4. Nach und nach gießen Sie Kokosmilch und Gemüsebrühe zu und mischen den Mais unter.
5. Lassen Sie alles etwa 15 Minuten lang kochen, bis das Gemüse gar ist.
6. Rühren Sie die Hefeflocken unter und garnieren Sie mit frischem Koriander.

KARTOFFELBRATLINGE MIT TAMARINDENSOSSE

ZUTATEN FÜR 4 PORTIONEN:

- 500 g Kartoffeln, mehlige Sorte
- 3 EL Kichererbsenmehl
- 1 Zehe Knoblauch, zerdrückt
- 1 Chilischote, fein gehackt
- ½ Muskatnuss, frisch gerieben
- 1 EL Zitronensaft
- schwarzer Pfeffer, frisch gemahlen
- Salz
- Pflanzenöl
- Korianderblätter

Tamarindensoße:

- 100 g Tamarinde
- ¼ Liter kochendes Wasser
- 1 TL frischer Ingwer
- 1 TL Kreuzkümmel
- 2 EL brauner Rohrzucker

Nährwerte pro Portion:

328 kcal | 43,9 g Kohlehydrate | 6,2 g Eiweiß | 12,7 g Fett

ZUBEREITUNG:

1. Schälen Sie die Kartoffeln und schneiden sie in große Stücke und garen sie, bis sie weich sind.
2. Währenddessen bereiten Sie die Tamarindensoße zu:

   a) Tamarinde in einem kleinen Topf mit kochendem Wasser übergießen, dann das Wasser wieder zum Kochen bringen und die Tamarinde 15 Minuten garen.

   b) Streichen Sie die Tamarinde durch ein Sieb und geben sie mit dem Kochwasser wieder in den Topf.

   c) Rühren Sie Ingwer, Kreuzkümmel und Zucker darunter, kochen die Soße auf und lassen sie köcheln, bis sie eingedickt ist.
3. Die fertig gegarten und abgekühlten Kartoffeln drücken Sie durch eine Kartoffelpresse und vermengen sie mit dem Kichererbsenmehl, Chili, Muskatnuss, Zitronensaft, Pfeffer und Salz. Arbeiten Sie etwa 1 EL Öl ein.
4. Formen Sie aus der Masse Bällchen (etwa 8 Stück) und drücken diese flach.
5. Pinseln Sie eine beschichtete Pfanne mit Öl ein und erhitzen sie auf nicht zu hohe Temperatur.
6. Braten Sie darin die Kartoffelfrikadellen sehr langsam bei kleiner Hitze, etwa 10 bis 15 Minuten auf jeder Seite, bis sie goldbraun sind.
7. Richten Sie die Kartoffelfrikadellen mit der Soße an und bestreuen sie mit Korianderblättern.

ERBSENBÄLLCHEN IN KOKOSSOSSE

ZUTATEN FÜR 4 PORTIONEN:

- 70 g gelbe getrocknete Erbsen
- 1 Zehe Knoblauch
- 3 cm Ingwer
- 1 grüne Chilischote
- 4 EL Mehl
- eine gute Prise Backpulver
- ½ TL Salz
- ½ Handvoll Korianderblättchen
- Öl zum Herausbraten

Kokossoße:

- 4 Zehen Knoblauch
- 2 cm Ingwer
- 2 rote Chilischoten
- 1 TL Kurkuma
- 2 TL Kreuzkümmel
- 2 TL Koriander
- 4 Stk. Kardamomkapseln
- ½ TL Salz
- 1 TL Zucker
- 250 g Sojajoghurt
- 2 Dosen Kokosmilch à 400 ml
- 100 g Tiefkühl-Erbsen

Nährwerte pro Portion:

594 kcal | 23,8 g Kohlehydrate | 9,4 g Eiweiß | 49,6 g Fett

ZUBEREITUNG:

1 Weichen Sie die Erbsen mindestens 4 Stunden oder besser über Nacht ein.
2 Danach gießen Sie das Einweichwasser ab und geben die Erbsen zusammen mit dem Ingwer, der Chilischote und dem Knoblauch in einen Mixer. Geben Sie etwas Wasser (nicht mehr als 3 EL) zu, gerade so viel, dass das Messer im Mixer „greift" und pürieren Sie alles zu einer glatten Paste.
3 Fügen Sie nun Mehl, Backpulver, Salz und Koriander zu und pürieren alles noch mal.
4 Setzen Sie jeweils einen Löffel der Masse in heißes Öl und braten die Bällchen auf beiden Seiten goldgelb.
5 Heizen Sie das Backrohr auf 110° vor.
6 Lassen Sie die Bällchen auf Küchenpapier abtropfen und stellen sie im Backrohr warm.
7 Für die Kokossoße rösten Sie Kreuzkümmel und Koriander in einer Pfanne ohne Fett bei mittlerer Hitze etwa 1 Minute lang an.
8 Geben Sie alle Soßenzutaten außer Kokosmilch und Erbsen in einen Mixer und pürieren sie.
9 In einem Topf bringen Sie danach die Masse zum Kochen und lassen sie etwa 2 Minuten lang köcheln, bis sie etwas eingedickt ist.
10 Fügen Sie nun die Kokosmilch hinzu und lassen die Soße bei kleiner Hitze und geschlossenem Deckel etwa 15 Minuten lang köcheln.
11 Danach geben Sie die Erbsen dazu und köcheln die Soße weitere 3 Minuten.
12 Die warmen Erbsenbällchen servieren Sie mit der Kokossoße.
Sehr schmackhaft dazu: Reis

JAPANISCHE PFANNKUCHEN MIT SCHARFEM RELISH

ZUTATEN FÜR 4 PORTIONEN:

Pfannkuchen:

- 175 g Weizenmehl
- 50 g Reismehl
- 1 Päckchen Trockenhefe (17 g)
- 1 TL Salz
- 250 ml Kokosmilch

Relish:

- ¼ Liter kochendes Wasser
- 100 g Kokosraspeln
- ½ Zwiebel, fein gehackt
- 1 Zehe Knoblauch
- 2 EL Limettensaft
- 1 TL Salz
- ½ TL Cayennepfeffer
- ½ TL edelsüßer Paprika

Nährwerte pro Portion:

528 kcal | 48,3 g Kohlehydrate | 7,7 g Eiweiß | 31,8 g Fett

ZUBEREITUNG:

1 Mischen Sie Weizen- und Reismehl und rühren Salz und Hefe unter.

2 Gießen Sie die Kokosmilch unter ständigem Rühren mit einer Schneerute zu und danach so viel warmes Wasser, bis ein dickflüssiger Teig entsteht.

3 Decken Sie die Schüssel ab und stellen sie für etwa eine Stunde an einen warmen Platz.

4 Nach der Ruhezeit fetten Sie eine beschichtete Pfanne mit Öl ein und erhitzen sie auf mittlere Temperatur. Schöpfen Sie etwa eine kleine Schöpfkelle Teig in die Pfanne und verteilen ihn vorsichtig, sodass ein etwa 4 mm dicker Pfannkuchen entsteht. Dann setzen Sie einen Deckel auf die Pfanne und garen den Pfannkuchen, bis er auf der Unterseite goldbraun und knusprig ist, die Oberseite sollte trocken und fest sein.
Auf diese Weise verarbeiten Sie den Teig zu etwa 8 Pfannkuchen.

5 Relish:

a) Übergießen Sie die Kokosraspeln mit kochendem Wasser und lassen es abkühlen.

b) Mischen Sie danach die fein gehackte Zwiebel, den Knoblauch und die Gewürze zu und pürieren alles im Mixer zu glatter Konsistenz.

6 Servieren Sie die Pfannkuchen mit dem Relish.

GEFÜLLTE TEIGTASCHEN

ZUTATEN FÜR 4 PORTIONEN:

Yufkateig:

- 500 g Weizenmehl
- 50 ml Pflanzenöl
- 2 TL Essig
- 1 Prise Salz

Füllung:

- 450 g Kartoffeln, mehlige Sorte
- 1 Zehe Knoblauch
- 2 Stangen Frühlingszwiebel
- 15 Oliven, schwarz und grün gemischt, entsteint und grob gehackt
- 1 TL abgeriebene Zitronenschale
- 2 EL fein gehackte Petersilie
- 30 g Pflanzenbutter
- 1 EL Olivenöl

Nährwerte pro Portion:

781 kcal | 110,9 g Kohlehydrate | 15,5 g Eiweiß | 28,7 g Fett

ZUBEREITUNG:

1 Yufkateig:

a) Geben Sie alle Teigzutaten in eine Schüssel und vermengen sie. Gießen Sie nach und nach etwa 220 ml Wasser zu und verkneten alles zu einem glatten, elastischen Teig. Sollte er zu trocken sein, können Sie noch etwas Wasser hinzufügen oder, wenn zu klebrig, etwas Mehl.
b) Formen Sie den Teig zu einer Kugel und bepinseln diese mit Pflanzenöl.
c) Lassen Sie den Teig für etwa ½ Stunde abgedeckt ruhen.
d) Teilen Sie den Teig in 8 Portionen auf und rollen diese auf einer bemehlten Arbeitsfläche möglichst dünn aus.
e) Bestreichen Sie jede der dünnen Teigschichten mit etwas zerlassener Pflanzenbutter oder mit Pflanzenöl und legen die Schichten übereinander.

2 Schälen Sie die Kartoffeln und schneiden sie in Stücke. Kochen Sie sie etwa 15 Minuten, bis sie weich sind und stampfen sie.

3 Zerdrücken Sie den Knoblauch mit Salz.

4 Vermischen Sie Oliven, Knoblauch, Frühlingszwiebeln, Zitronenschale und Petersilie mit den zerstampften Kartoffeln.

5 Zerschneiden Sie den Yufkateig in Quadrate von etwa 10 cm Seitenlänge und setzen je 1 Esslöffel Kartoffelfüllung darauf. Falten Sie den Teig zu einer dreieckigen Teigtasche zusammen und drücken Sie die Ränder gut fest.

6 Legen Sie die Teigtaschen auf ein mit Backpapier belegtes Backblech, pinseln sie mit etwas zerlassener Pflanzenbutter ein und backen sie etwa 10 Minuten bei 180°C.

WÜRZIGE PILZE MIT SPÄTZLE

ZUTATEN FÜR 4 PORTIONEN:

- 30 g Pflanzenbutter
- 500 g Pfifferlinge (oder andere Pilze), in mundgerechte Stücke geschnitten
- 1 Zwiebel, gehackt
- 1 EL edelsüßes Paprikapulver
- 1 Prise Cayennepfeffer
- 150 g veganer Frischkäse
- 100 g Sojajoghurt
- 3 EL frisches Dillkraut, gehackt

Spätzle:

- 350 g Weizenmehl
- 50 g Sojamehl
- ½ TL Johannisbrotkernmehl
- ca. 450 ml Wasser
- ½ TL Salz
- 2 EL Maismehl oder Maisgrieß
- 1 Prise Muskatnuss

Nährwerte pro Portion:

577 kcal | 70,3 g Kohlehydrate | 20,5 g Eiweiß | 20,4 g Fett

ZUBEREITUNG:

1. Verrühren Sie Sojajoghurt mit veganem Frischkäse zu glatter Konsistenz und stellen es zur Seite.
2. Zerlassen Sie die Pflanzenbutter und dünsten darin die Zwiebel, bis sie glasig ist.
3. Geben Sie die Pilze dazu und würzen mit Salz und Pfeffer. Unter ständigem Rühren erhöhen Sie die Temperatur und rösten so lange, bis die gesamte Flüssigkeit verdampft ist.
4. Nun fügen Sie Paprikapulver und Cayennepfeffer zu, rühren einige Male um, geben die Joghurt-Frischkäse-Masse dazu und lassen alles noch mal 5 Minuten bei kleiner Hitze köcheln.
5. Zuletzt rühren Sie das gehackte Dillkraut unter.
6. Spätzle:

   a) Lösen Sie das Johannisbrotkernmehl im Wasser und rühren Mehl, Maismehl, Salz und Muskat ein. Lassen Sie den Teig etwa 10 Minuten quellen. Die Konsistenz sollte weich, jedoch nicht flüssig sein, aber auch nicht zu fest. Sie können entweder noch Wasser hinzufügen nach der Quellzeit, wenn zu fest oder Mehl, wenn zu flüssig.

   b) Drücken Sie den Teig durch eine Spätzlepresse in kochendes Salzwasser.

   c) Schalten Sie die Hitze herunter, das Wasser sollte nur noch leicht sieden. Sobald die Spätzle an die Wasseroberfläche kommen, sind sie fertig und können abgeschöpft werden.

ROTER COUSCOUS MIT MANGOLD-PILZGEMÜSE

ZUTATEN FÜR 4 PORTIONEN:

- 300 g Couscous
- 2 Tomaten
- 2 Zwiebeln
- 2 Zehen Knoblauch
- ½ Bund Petersilie
- 2 EL Olivenöl
- 300 ml Gemüsebrühe
- 1 EL Tomatenmark
- Salz und Pfeffer

Mangold-Pilzgemüse:

- 250 g Mangold
- 200 g Pilze (z.B. Champignons)
- 1 Zwiebel
- 2 Zehen Knoblauch
- 1 EL Olivenöl
- 1 EL Hefeflocken (optional)
- 100 ml Kokosmilch
- 1 Prise frisch geriebene Muskatnuss
- Salz und Pfeffer

Nährwerte pro Portion:

500 kcal | 64,8 g Kohlehydrate | 13,9 g Eiweiß | 18,2 g Fett

ZUBEREITUNG:

1. Bereiten Sie zunächst den Couscous zu.
   Hacken Sie dafür Zwiebel, Knoblauch, Tomaten und Petersilie fein und schwitzen alles zusammen in Olivenöl an.
2. Dann rühren Sie das Tomatenmark dazu und braten es kurz mit, würzen mit Salz und Pfeffer und löschen mit der Gemüsebrühe ab.
3. Bringen Sie die Brühe zum Kochen, nehmen dann die Pfanne vom Herd und rühren den Couscous ein. Decken Sie den Topf zu und lassen den Couscous etwa 15 Minuten lang quellen.
4. In der Zwischenzeit bereiten Sie das Gemüse zu.
   Schneiden Sie die Mangoldblätter in feine Streifen, die Pilze blättrig.
5. Hacken Sie Zwiebel und Knoblauch fein und dünsten erst die Zwiebel, dann den Knoblauch an, fügen die Pilze unter ständigem Rühren hinzu und dünsten sie kurz mit.
6. Rühren Sie nun die Mangoldstreifen ein und gießen mit Kokosmilch auf, sobald der Mangold zusammenfällt. Lassen Sie das Gemüse köcheln, bis ein Großteil der Flüssigkeit verdampft ist.
7. Schmecken Sie das Gemüse mit Muskat, Salz und Pfeffer ab und rühren die Hefeflocken ein (optional).
8. Lockern Sie den Couscous etwas mit der Gabel auf, rühren 1 EL Olivenöl unter und würzen gegebenenfalls nach.

HAUPTSPEISEN SÜSS

KARAMELLISIERTER MILCHREIS

ZUTATEN FÜR 6 PORTIONEN:

- 250 g Rundkornreis
- 750 ml Kokosmilch, vermischt mit 250 ml Wasser
- 1 TL Rohrohrzucker
- 1 EL Pflanzenbutter
- eine Prise Zimt
- 100 g Feinkristall-Rohrohrzucker (für die Karamellkruste)

Nährwerte pro Portion (6):

452 kcal | 36,7 g Kohlehydrate | 4 g Eiweiß | 31,5 g Fett

ZUBEREITUNG:

1. Spülen Sie den Reis mit kaltem Wasser ab.
2. Schmelzen Sie die Pflanzenbutter in einem ausreichend großen Topf, schwitzen darin den Reis an und gießen mit der Kokosmilch-Wasser-Mischung auf.
3. Rühren Sie 1 TL Rohrohrzucker und Zimt ein, lassen alles unter Rühren noch mal aufkochen und schalten dann die Hitze zurück.
4. Unter leichtem Köcheln der Milch lassen Sie den Reis etwa 25 Minuten im geschlossenen Topf ziehen. Schauen Sie hin und wieder in den Topf und rühren um, damit sich nichts am Topfboden ansetzt.
5. Heizen Sie den Backofen-Grill auf Stufe 3 vor.
6. Wenn der Milchreis fertig gegart ist, füllen Sie ihn in eine feuerfeste Form, streichen ihn glatt und bestreuen ihn mit Feinkristall-Rohrohrzucker.
7. Grillen Sie den Reis etwa 5 Minuten, bis der Zucker karamellisiert.
8. Holen Sie den Milchreis aus dem Backrohr und lassen Sie den Karamell etwas aushärten.

SÜSSER COUSCOUS

ZUTATEN FÜR 4 PORTIONEN:

- 250 g Couscous
- 8 Stk. Datteln, entkernt
- 4 Stk. getrocknete Marillen
- Obst der Saison (Pflaumen, Kirschen, Beeren ...) oder 1 Apfel
- 1 cm Ingwer
- 100 ml Apfelsaft (vegan, nicht mit Gelatine geklärt)
- 1 TL Zimt
- 50 g Walnüsse

Nährwerte pro Portion (4):

390 kcal | 65,2 g Kohlehydrate | 8,7 g Eiweiß | 8,6 g Fett

ZUBEREITUNG:

1. Bringen Sie 250 ml Wasser zum Kochen, rühren den Couscous ein und nehmen den Topf vom Herd. Lassen Sie den Couscous etwa 5 Minuten quellen.
2. Putzen und entkernen Sie das frische Obst. Schneiden Sie die Datteln, Trockenmarillen und das Obst klein und dünsten es im Apfelsaft.
3. Schälen und reiben Sie den Ingwer und fügen ihn zum gedünsteten Obst hinzu.
4. Hacken Sie die Walnüsse grob und rösten sie in einer Pfanne ohne Fett.
5. Mischen Sie den Couscous mit dem gedünsteten Obst, würzen mit etwas Zimt und bestreuen ihn mit gerösteten Walnüssen.

SAFFA

ZUTATEN FÜR 4 PORTIONEN:

- 75 g Rosinen
- 8 Stk. getrocknete Aprikosen, grob gehackt
- 4 EL Pflanzenbutter
- 1 Prise Salz
- 350 g Couscous
- 2 EL Puderzucker
- 1 TL gemahlener Zimt

Nährwerte pro Portion:

485 kcal | 87,2 g Kohlehydrate | 9,2 g Eiweiß | 9,2 g Fett

ZUBEREITUNG:

1. Kochen Sie 500 ml Wasser auf und fügen Rosinen, Aprikosen, Pflanzenbutter und Salz hinzu. Lassen Sie die Zutaten etwa 5 Minuten lang köcheln – die Rosinen sollen aufgequollen sein.
2. Nehmen Sie dann den Topf vom Herd, rühren den Couscous unter und lassen ihn 5 Minuten lang quellen. Danach lockern Sie ihn mit einer Gabel auf.
3. Mischen Sie Puderzucker und Zimt unter den Couscous.
   Saffa schmeckt am besten noch warm.

PANCAKES MIT KOKOSFÜLLE UND SCHOKOTOPPING

ZUTATEN FÜR 6 PORTIONEN:

- 250 ml Apfelsaft (vegan, nicht mit Gelatine geklärt)
- ½ Tütchen Backpulver
- 250 g Weizenmehl
- 2 TL Ahornsirup
- 250 ml Sojamilch
- Öl zum Herausbacken

Kokosfüllung:

- 500 ml Kokosmilch
- 1 EL Speisestärke
- 1 EL Agavendicksaft
- 100 g Kokosraspeln
- 50 g gemahlene Mandeln
- ½ TL Vanilleextrakt

Schokosoße:

- 40 g Kakaopulver
- 3 EL Agavendicksaft
- 100 ml Pflanzenmilch

Nährwerte pro Portion (6):

656 kcal | 52 g Kohlehydrate | 11,8 g Eiweiß | 42,3 g Fett

ZUBEREITUNG:

1 Pancakes:

a) Mischen Sie Mehl und Backpulver und mischen alle Zutaten zu einem geschmeidigen dickflüssigen Teig.
b) Erhitzen Sie etwa ½ TL Öl in einer Pfanne und geben eine nicht zu große Schöpfkelle voll Teig hinein. Schwenken Sie die Pfanne, sodass sich der Teig verteilt.
c) Nach etwa ein bis zwei Minuten können Sie den Pancake mithilfe eines Bratenwenders umdrehen und auf der anderen Seite backen.

2 Kokosfüllung:

a) Nehmen Sie von der Kokosmilch 4 EL ab und verrühren sie mit der Speisestärke.
b) Erwärmen Sie die restliche Kokosmilch, süßen sie mit Agavendicksaft und rühren die Speisestärke ein.
c) Lassen Sie die Kokosmilch noch etwas köcheln, bis sie etwas eingedickt ist. Falls sie noch zu dünnflüssig ist, rühren Sie noch etwas Speisestärke ein.
d) Nehmen Sie die Milch vom Herd und rühren die restlichen Zutaten der Füllung ein.

3 Für die Schokosoße verrühren Sie die angegebenen Zutaten gut miteinander. Wollen Sie die Soße dicker oder dünner, können Sie mehr oder weniger Pflanzenmilch zufügen.

KOKOSCREME-REIS

ZUTATEN FÜR 4 PORTIONEN:

- 350 g Jasminreis
- 500 ml Kokoscreme
- 250 ml Wasser
- 1 Prise Salz
- 1 EL brauner Rohrzucker
- 10 Stk. Datteln
- etwas Koriander
- etwas Zimt

Nährwerte pro Portion:

493 kcal | 47,1 g Kohlehydrate | 5,6 mg Eiweiß | 30,3 g Fett

ZUBEREITUNG:

1. Waschen Sie den Reis und lassen ihn in einer Schüssel mit reichlich kaltem Wasser zwei Stunden quellen. Danach das Wasser abgießen und den Reis abtropfen lassen.
2. Vermischen Sie die Kokoscreme mit Wasser, Salz und Zucker und gießen Sie diese Mischung über den Reis.
3. Nun erhitzen Sie den Reis unter ständigem Rühren, bis er kocht und lassen ihn 15 Minuten zugedeckt köcheln. Danach lassen Sie ihn noch 5 Minuten ruhen.
4. Währenddessen entkernen Sie die Datteln und schneiden sie in schmale Streifen oder Ringe.
5. Richten Sie den Kokoscreme-Reis in Schüsselchen an, garnieren ihn mit den Datteln und würzen mit je einer Prise Koriander und Zimt.

HAUPTSPEISEN TOFU

GEBACKENER TOFU MIT ASIATISCHEM GEMÜSE

ZUTATEN FÜR 4 PORTIONEN:

- 500 g fester Tofu natur
- 4 EL Sojasoße
- 1 EL Öl
- 1 ½ EL Ahornsirup
- 5 EL Maisstärke
- 1 große Zucchini
- 1 Bund Jungzwiebel
- 1 rote Paprikaschote

Soße:

- 3 EL Öl
- 3 EL Maisstärke
- 2 cm Ingwer, fein gerieben
- 2 Zehen Knoblauch, fein gehackt
- 2 EL Weißweinessig
- 4 EL Sojasoße
- 4 EL Ahornsirup
- 2 EL Sesamsaat

Nährwerte pro Portion (4):

440 kcal | 48,6 g Kohlehydrate | 14,9 g Eiweiß | 19,7 g Fett

ZUBEREITUNG:

1. Tofu in einem sauberen Baumwolltuch unter einem schweren Gegenstand trocken pressen und 30 Minuten stehen lassen.
2. Währenddessen bereiten Sie die Soße zu:
   Geben Sie alle Soßenzutaten in eine Schüssel und verquirlen sie gut, am besten mit einer Schneerute.
3. Nehmen Sie den Tofu aus dem Tuch und schneiden ihn in kleine Würfel.
4. In einer Schüssel vermengen Sie die Tofuwürfel mit Sojasoße, Öl und Ahornsirup und lassen ihn 5 Minuten marinieren.
5. Streuen Sie die Maisstärke über den Tofu und drehen und wenden ihn darin so lange, bis alle Würfel gleichmäßig mit Maisstärke überzogen sind.
6. Erhitzen Sie eine Pfanne, geben dann Öl hinein und braten den Tofu auf allen Seiten kurz an, nehmen ihn aus der Pfanne und stellen ihn beiseite.
7. Putzen Sie die Zucchini und schneiden sie in nicht zu große Würfel. Putzen und entkernen Sie die Paprikaschote und schneiden sie in Streifen, die Jungzwiebel in nicht zu schmale Röllchen.
8. Geben Sie das Gemüse in die Pfanne, in der Sie den Tofu angebraten haben, dünsten es eine Minute lang an und gießen es mit der vorbereiteten Soße auf. Köcheln Sie das Gemüse noch kurz, bevor Sie die Tofuwürfel hinzufügen.
9. Köcheln Sie alles, bis das Gemüse weich, jedoch noch bissfest ist.
   Rösten Sie die Sesamsaat kurz in einer Pfanne ohne Fett und bestreuen die fertig angerichteten Portionen damit.

   Perfekt dazu: Reis.

TOFU-NUGGETS

ZUTATEN FÜR 4 PORTIONEN:

- 500 g fester Tofu natur
- 250 ml Pflanzenmilch
- 1 EL + ½ EL Chilisoße
- 1 EL Apfelessig
- 125 g Weizenmehl
- 1 TL Salz
- 250 g Paniermehl
- (Brösel oder Panko - asiatisches Paniermehl, macht Gebackenes besonders knusprig)

Soße:

- 60 g Pflanzenbutter
- 3 EL Olivenöl
- 2 EL Agavendicksaft
- 1 TL edelsüßer Paprika
- 1 TL Knoblauchpulver
- ½ TL Salz

Nährwerte pro Portion (4):

678 kcal | 75,2 g Kohlehydrate | 20,9 g Eiweiß | 31,3 g Fett

ZUBEREITUNG:

1 Tofu in einem sauberen Baumwolltuch unter einem schweren Gegenstand trocken pressen und 30 Minuten stehen lassen.
2 Danach schneiden Sie den Tofu in Würfel. Heizen Sie das Backrohr auf 180°C vor. Belegen Sie ein Backblech mit Backmatte / Backpapier.
3 Bereiten Sie eine Panierstraße mit 3 Tellern vor:

a) Mehl und Salz vermischt.
b) Pflanzenmilch mit Essig und ½ EL Chilisoße gut mixen.
c) Paniermehl.

4 Tauchen Sie die Tofuwürfel erst in Mehl, dann in die Pflanzenmilchmischung und wiederholen das noch mal.
5 Danach panieren Sie die Würfel mit dem Paniermehl und legen sie auf das vorbereitete Backblech. besprühen Sie die Würfel mit etwas Öl und backen sie etwa 15 Minuten, drehen sie um, besprühen sie auch auf der anderen Seite mit etwas Öl und backen sie noch mal 15 Minuten.
6 In der Zwischenzeit bereiten Sie die Soße zu:

a) Schmelzen Sie die Pflanzenbutter und rühren Olivenöl ein.
b) Nun fügen Sie unter Rühren 1 EL Chilisoße, den Agavendicksaft, Paprika und Knoblauchpulver hinzu und würzen mit Salz.
c) Lassen Sie die Soße einige Minuten bei kleiner Hitze köcheln.

7 Servieren Sie die Nuggets mit der Soße.
Dazu passt Kürbispüree (Rezept bei „Beilagen, Salate und Soßen“) oder die Würfel ohne Soße als Snack mit Dip.

TOFU-BURGER

ZUTATEN FÜR 4 PORTIONEN:

- 4 vegane Burgerbrötchen
- 500 g fester Tofu natur
- 70 g Mehl
- 3 EL Maisstärke
- ½ TL Salz
- 120 g Wasser mit Kohlensäure (Soda)
- 2 EL Chilisoße
- Öl zum Herausbraten
- 1 rote Zwiebel, in Ringe geschnitten
- 1 große Gewürzgurke, in Scheiben geschnitten
- 1 große Fleischtomate, in Scheiben geschnitten
- 2 EL vegane Mayonnaise
- 4 EL Bohnenaufstrich (Rezept bei „Snacks, Dips & Aufstriche")

Nährwerte pro Portion (4):

514 kcal | 52,6 g Kohlehydrate | 17 g Eiweiß | 24,9g Fett

ZUBEREITUNG:

1. Tofu in einem sauberen Baumwolltuch unter einem schweren Gegenstand trocken pressen und 30 Minuten stehen lassen. Danach schneiden Sie ihn in 4 Scheiben.
2. Mischen Sie das Mehl mit der Maisstärke und rühren das Sodawasser unter zu einem dickflüssigen Backteig.
3. Bestreichen Sie die Tofuscheiben mit Chilisoße und tauchen sie dann in den Backteig.
4. Braten Sie den Tofu in Öl heraus, jede Seite etwa 3 Minuten, bis er goldbraun ist. Lassen Sie ihn auf einem Papier-Küchentuch abtropfen.
5. Schneiden Sie die Burgerbrötchen auseinander und bestreichen beide Innenseiten dünn mit Mayonnaise.
6. Belegen Sie das Brötchen mit Zwiebelringen, danach kommt der Tofu, darauf je 1 EL Bohnenaufstrich, darüber eine Tomatenscheibe und Gewürzgurke.

BEILAGEN

KÜRBIS-PÜREE

ZUTATEN FÜR 4 PORTIONEN:

- 150 g gelbe oder rote Linsen
- 500 g Kürbis
- 2 Möhren
- 300 ml Gemüsebrühe
- 2 EL Öl
- 1 Zwiebel
- 2 Zehen Knoblauch
- 2 cm Ingwer
- 3 Stängel frischer Koriander

Gewürzmischung:

- Koriander, gemahlen
- eine Prise Kurkuma
- eine Prise Zimt

Nährwerte pro Portion (4):

294 kcal | 42,7 g Kohlehydrate | 13,3 g Eiweiß | 6,4 g Fett

ZUBEREITUNG:

1. Kochen Sie die Linsen in der Gemüsebrühe weich.
2. Schälen Sie den Kürbis und schneiden ihn in kleine Stücke. Schneiden Sie die Zwiebel in Würfel und schälen Sie den Knoblauch. Putzen Sie die Möhre und schneiden sie in schmale Scheiben. Schälen und reiben Sie den Ingwer.
3. Braten Sie den Kürbis in Öl an, geben Möhrenscheiben, Zwiebelwürfel, Ingwer und Knoblauchzehen dazu, salzen die Mischung und dünsten sie bei geringer Hitze und geschlossenem Deckel, bis alles weich ist (es muss kein Wasser zugefügt werden, da der Kürbis ausreichend Wasser enthält).
4. Mischen Sie die gegarten Linsen mit dem Gemüse, fügen die Gewürzmischung hinzu und pürieren die Masse mit dem Stabmixer.
5. Servieren Sie das Püree mit einigen Blättchen frischem Koriander.

SEMMELKNÖDEL / SERVIETTENKNÖDEL

ZUTATEN FÜR 4 PORTIONEN:

- 200 g Semmelwürfel von veganem Gebäck (oder 4 altbackene vegane Brötchen)
- 2 EL Paniermehl (Brösel)
- 1 Zwiebel
- 1 EL Öl + 1 EL Öl
- einige Stängel Petersilie
- 125 ml Sojamilch
- 125 ml Gemüsebrühe

Nährwerte pro Portion (4):

268 kcal | 43,1 g Kohlehydrate | 6,8 g Eiweiß | 6,9 g Fett

ZUBEREITUNG:

1. Hacken Sie die Petersilie und die Zwiebel. Rösten Sie die Zwiebel in Öl (1 EL) an und geben zuletzt auch die Petersilie dazu und rösten sie kurz mit.
2. Rösten Sie die Semmelwürfel ebenfalls in 1 EL Öl an. Dann geben Sie die Würfel in eine Schüssel, mischen Sie geröstete Zwiebel und Petersilie unter.
3. Wärmen Sie die Sojamilch mit der Gemüsebrühe, gießen Sie beides über die Semmelwürfel und lassen sie quellen. Immer wieder durchrühren und durchkneten und wieder ein paar Minuten rasten lassen. Nun geben Sie noch das Paniermehl zur Masse und arbeiten es gut ein.
4. Mit feuchten Händen formen Sie Klöße (Knödel) – die Masse sollte nicht an den Händen kleben.
5. Legen Sie die Knödel in nicht mehr kochendes Wasser ein (darf nur „simmern“) und lassen sie 10 bis 15 Minuten ziehen.

Variante:

a) Für Serviettenknödel formen Sie die Masse zu einer Rolle und wickeln sie in ein sauberes Stoff-Küchentuch, das Sie an beiden Enden wie eine Wurst abbinden.

b) Legen Sie die Rolle in leicht siedendes Wasser und lassen sie etwa eine halbe Stunde bei kleiner Hitze ziehen.

ZWIEBELREIS

ZUTATEN FÜR 4 PORTIONEN:

- 200 g Rundkornreis
- 2 Zwiebeln
- 2 EL Öl

Nährwerte pro Portion (4):

98 kcal | 16 g Kohlehydrate | 1,9 g Eiweiß | 2,8 g Fett

ZUBEREITUNG:

1. Heizen Sie das Backrohr auf 100°C vor.
2. Waschen Sie den Reis in einem Sieb kurz durch. Stellen Sie etwa die 1 ½fache Menge an Wasser bereit.
3. Hacken Sie die Zwiebeln fein und rösten sie in Öl in der Kasserolle, in der Sie dann auch den Reis kochen.
4. Sobald die Zwiebeln schön goldgelb sind, rühren Sie den Reis ein und rösten ihn unter Rühren kurz mit.
5. Dann gießen Sie mit dem Wasser auf, salzen ein wenig und rühren den Reis gut durch.
6. Verschließen Sie die Kasserolle mit einem Deckel und lassen den Reis 2 Minuten kochen.
7. Dann stellen Sie die Kasserolle zugedeckt ins warme Backrohr, schließen es und schalten sofort aus. Nach etwa 20 Minuten ist der Reis fertig.

BLUMENKOHL IN BÉCHAMELSOSSE

ZUTATEN FÜR 4 PORTIONEN:

- 1 Rose Blumenkohl
- 1 TL Dinkelmehl
- 50 ml Sojamilch
- eine Prise frisch geriebene Muskatnuss
- eine Prise frisch gemahlener schwarzer Pfeffer
- Salz
- 2 EL Hefeflocken

Nährwerte pro Portion (4):

53 kcal | 6,4 g Kohlehydrate | 14,5 g Eiweiß | 2,5 g Fett

ZUBEREITUNG:

1. Kochen Sie den Blumenkohl in leicht gesalzenem Wasser. Ist er fertig gegart, heben Sie ihn heraus und verwenden das Wasser für die Béchamel-Soße.
2. Rühren Sie das Dinkelmehl in einer Tasse mit der Sojamilch glatt und mischen die Gewürze unter.
3. Mit einer Schneerute rühren Sie die Mischung in etwa 200 ml Blumenkohlwasser ein und lassen es noch mal etwa 3 Minuten köcheln.
4. Zerteilen Sie den Blumenkohl in mehrere Teile und legen ihn in ein Servierschüssel. Übergießen Sie ihn mit der Béchamelsoße und bestreuen ihn mit Hefeflocken.

BRAUNE LINSEN

ZUTATEN FÜR 4 PORTIONEN:

- 250 g Linsen (roh)
- 30 g Mehl
- 1 EL Öl
- 1 kleine Zwiebel
- Majoran
- Thymian
- 1 Lorbeerblatt
- ½ Zitrone, Saft und Schale
- Salz

Nährwerte pro Portion (4):

287 kcal | 42,4 g Kohlehydrate | 17,7 g Eiweiß | 3,6 g Fett

ZUBEREITUNG:

1. Weichen Sie die Linsen über Nacht in etwa ¾ Liter Wasser ein und kochen sie im Einweichwasser am nächsten Tag, bis sie weich sind. Fügen Sie dem Kochwasser das Lorbeerblatt zu.
2. Hacken Sie die Zwiebel und rösten sie in Öl an, rösten Sie das Mehl etwa 1 Minute unter ständigem Rühren mit und gießen mit den Linsen samt Kochwasser auf.
3. Kochen Sie das Gericht unter Rühren auf und lassen es etwa 2 Minuten lang köcheln.
4. Salzen und würzen Sie mit Majoran und Thymian.
5. Vor dem Anrichten schmecken Sie die Linsen mit Zitronenschale und Zitronensaft ab.
   Perfekt dazu: Serviettenknödel.

RAHMGEMÜSE

ZUTATEN FÜR 4 PORTIONEN:

- 250 g TK-Erbsen, aufgetaut
- 2 Möhren, gewürfelt
- ½ Rose Blumenkohl, in Röschen zerpflückt
- ½ Staude Brokkoli, in Röschen zerpflückt, Stamm in Scheiben geschnitten
- 1 Zwiebel, fein gehackt
- 2 Zehen Knoblauch, fein gehackt
- 150 ml Gemüsebrühe
- 2 EL Öl
- 1 EL Senf
- ein Spritzer Zitronensaft
- Salz, Pfeffer

Rahmsoße:

- 200 ml Hafersahne oder Kokosmilch
- 200 ml Pflanzenmilch
- 3 EL Maisstärke oder Mehl
- ½ TL Salz
- frisch gemahlener schwarzer Pfeffer
- Thymian
- ein Spritzer Zitronensaft
- ½ Bund Petersilie, gehackt

Nährwerte pro Portion (4):

334 kcal | 24,3 g Kohlehydrate | 11,6 g Eiweiß | 19 g Fett

ZUBEREITUNG:

1 Braten Sie die Zwiebel in Öl an, danach geben Sie Möhren, Karfiol und Brokkoli zu, gießen mit der Gemüsebrühe auf und lassen das Gemüse etwa 8 Minuten bei geschlossenem Deckel dünsten.

2 Nun geben Sie die aufgetauten TK-Erbsen zum Gemüse und köcheln es weitere 5 Minuten. Würzen Sie mit Salz, Pfeffer, Senf und Zitronensaft.

3 Rahmsoße:

   a) Vermischen Sie Pflanzensahne mit Pflanzenmilch und verquirlen darin die Maisstärke (oder das Mehl).
   b) Gießen Sie die Mischung in eine Pfanne, erhitzen sie vorsichtig und lassen sie unter ständigem Rühren andicken. Sollte die Soße zu dick sein, geben Sie noch etwas Pflanzenmilch dazu, wenn sie zu dünn ist, etwas Speisestärke.
   c) Schmecken Sie die Soße mit Salz, Pfeffer, Senf, einem Spritzer Zitronensaft und Thymian ab.

4 Vermischen Sie das Gemüse mit der Rahmsoße und bestreuen es mit der gehackten Petersilie.

AUBERGINEN-STICKS

ZUTATEN FÜR 4 PORTIONEN:

- 2 große Auberginen
- 4 Stangen Jungzwiebel
- 3 Zehen Knoblauch
- 1 EL Sojasoße
- 1 EL brauner Rohrzucker
- 3 TL Sambal Oelek
- 2 EL Pflanzenöl
- ½ Bund Koriander
- 1 TL Sesam

Nährwerte pro Portion:

164 kcal | 14,8 g Kohlehydrate | 5,1 g Eiweiß | 7,7 g Fett

ZUBEREITUNG:

1. Waschen und putzen Sie die Auberginen und schneiden Sie in etwa 8 cm lange Stücke.
2. In einer großen Schüssel mischen Sie die Auberginensticks mit Salz und lassen sie 20 Minuten ziehen.
3. Währenddessen waschen und putzen Sie drei Jungzwiebel und hacken sie klein.
4. Hacken Sie den Knoblauch fein.
5. Für die Gewürzpaste vermengen Sie Knoblauch, Jungzwiebelstücke, Zucker, Sojasoße, Sambal Oelek und 1 EL Öl.
6. Drücken Sie die Auberginensticks aus und vermischen Sie mit der Gewürzpaste. Lassen Sie die marinierten Sticks ¼ Stunde im Kühlschrank durchziehen.
7. Nach der Ruhezeit braten Sie die Auberginensticks in 2 EL Öl von allen Seiten goldbraun.
8. Schneiden Sie nun die vierte Jungzwiebel in feine Ringe. Hacken Sie den Koriander grob.
9. Richten Sie die Auberginensticks auf einem Teller an und bestreuen sie mit Sesam, Jungzwiebelringen und Koriander.

INDONESISCHER GEMÜSEREIS

ZUTATEN FÜR 4 PORTIONEN:

- 200 g Langkornreis
- 2 EL Pflanzenöl
- 2 EL Pflanzenbutter
- 1 Zwiebel, fein gehackt
- 3 Möhren, geputzt und gehackt
- 100 g Pilze (z.B. Champignons), geviertelt
- 1 TL edelsüßer Paprika
- 2 TL Sambal Oelek
- 1 EL Tomatenmark
- 2 EL Sojasoße
- 2 Stangen Frühlingszwiebel, in Röllchen geschnitten
- 1 große Tomate, in dünne Spalten geschnitten
- ½ Salatgurke, in Stifte geschnitten
- Kresse

Nährwerte pro Portion:

205 kcal | 22,5 g Kohlehydrate | 4,4 g Eiweiß | 9,8 g Fett

ZUBEREITUNG:

1. Garen Sie den Reis in reichlich Wasser und lassen ihn dann abtropfen und auskühlen.
2. Erhitzen Sie Pflanzenbutter und Öl in einem ausreichend großen Topf oder Wok und braten darin die gehackte Zwiebel an.
3. Danach fügen Sie alle anderen Zutaten zu (außer Reis) und rösten alles zusammen etwa 2 Minuten lang.
4. Decken Sie den Topf zu und lassen das Gemüse etwa 5 Minuten köcheln, bis die Möhren weich gegart sind.
5. Danach nehmen Sie den Deckel ab, drehen die Hitze hinauf und fügen den gekochten Reis zu.
6. Braten Sie nun alles unter ständigem Rühren kräftig an, bis der Reis mit der Soße gut vermischt ist.
7. Richten Sie den Gemüsereis in Tellern an und garnieren mit Frühlingszwiebeln, Tomatenspalten und Gurkenstiften, bestreuen Sie das Gericht mit frischer Kresse.

PAPRIKAGEMÜSE

ZUTATEN FÜR 4 PORTIONEN:

- je 1 rote, gelbe und grüne Paprikaschote, entkernt und in mundgerechte Streifen geschnitten
- 2 Zwiebeln, fein gehackt
- 15 g Pflanzenbutter
- 1 EL Pflanzenöl
- 4 Zehen Knoblauch, gehackt
- 500 g Tomaten, blanchiert und in Würfel geschnitten (oder enthäutete Tomaten aus der Dose)
- 1 EL edelsüßer Paprika
- 2 EL Tomatenmark
- Salz, frisch gemahlener Pfeffer

Nährwerte pro Portion:

143 kcal | 14,9 g Kohlehydrate | 3,7 g Eiweiß | 6,3 g Fett

ZUBEREITUNG:

1. Erhitzen Sie das Pflanzenöl gemeinsam mit der Pflanzenbutter und braten darin die Zwiebeln an.
2. Fügen Sie die Paprikaschoten hinzu und rösten etwa 2 Minuten weiter, danach kommt der Knoblauch dazu und wird mitgebraten.
3. Unter weiterem Rühren streuen Sie das Paprikapulver ein, rühren ein paar Mal um und fügen die Tomatenstücke hinzu sowie das Tomatenmark.
4. Schließen Sie den Topf mit einem Deckel und reduzieren Sie die Hitze, bis das Gemüse gerade noch leicht köchelt. Würzen Sie mit Salz und Pfeffer.
5. Garen Sie das Gemüse unter gelegentlichem Rühren weitere 10 Minuten.
   Das Paprikagemüse kann kalt oder warm serviert werden.

TOFU TAMATIM

ZUTATEN FÜR 4 PORTIONEN:

- 250 g fester Tofu
- 125 ml Sojasoße
- 4 EL Pflanzenöl
- 2 Zwiebeln, in Scheiben geschnitten
- 3 Zehen Knoblauch, fein gehackt
- 3 cm Ingwer, fein gehackt
- 1 EL Chilisoße
- 1 EL Tomatenmark
- ½ TL Salz
- 2 TL brauner Rohrzucker
- 3 Tomaten, fein gehackt

Nährwerte pro Portion:

204 kcal | 10,8 g Kohlehydrate | 8,9 g Eiweiß | 13,5 g Fett

ZUBEREITUNG:

1. Lassen Sie den Tofu gut abtropfen und schneiden ihn dann in 2,5 cm große Würfel. Übergießen Sie die Würfel mit Sojasoße und lassen sie etwa ½ Stunde marinieren.
2. Danach braten Sie die Würfel in Pflanzenöl, bis sie rundum goldbraun sind und lassen sie auf Küchenpapier abtropfen.
3. Braten Sie nun die Zwiebel im selben Öl an und fügen dann Knoblauch und Ingwer hinzu. Braten Sie alles unter ständigem Rühren etwa 1 Minute lang.
4. Nun rühren Sie die restlichen Zutaten ein (Chilisoße, Tomaten, Zucker, Tomatenmark und Salz), mischen die Tofuwürfel unter und gießen etwa 4 EL Wasser an.
5. Verrühren Sie alles gut miteinander und lassen es etwa 3 Minuten lang köcheln.

SALATE

SCHARFER MÖHRENSALAT

ZUTATEN FÜR 4 PORTIONEN:

- 600 g Möhren
- 2 Chilischoten
- 3 TL Sesamsaat
- 4 EL Öl
- 2 EL Essig
- 2 Stangen Jungzwiebel
- 50 g Walnusskerne
- 1 EL Zitronensaft
- Salz
- Pfeffer

Nährwerte pro Portion (4):

250 kcal | 10,2 g Kohlehydrate | 4,5 g Eiweiß | 19,7 g Fett

ZUBEREITUNG:

1. Putzen Sie die Möhren und raffeln sie grob.
2. Schneiden Sie die Chilischoten der Länge nach auf, entfernen die Kerne und schneiden sie in kleine Würfel.
3. Erhitzen Sie 2 EL Öl und rösten darin den Sesam, bis er leicht gebräunt ist, dann fügen Sie die Chilis hinzu und rösten sie kurz mit.
4. Als nächstes geben Sie die geraffelten Möhren dazu, mischen den Essig unter und salzen und pfeffern. Rühren Sie alles zusammen mehrmals um und geben es in eine Salatschüssel.
5. Schneiden Sie die Jungzwiebel in Röllchen und hacken Sie die Walnüsse grob.
6. Rösten Sie die Walnüsse in einer Pfanne ohne Fett an.
7. Mischen Sie die Jungzwiebelröllchen und den Zitronensaft zu den Möhren und marinieren den Salat mit 3 EL Öl.
8. Zum Servieren bestreuen Sie den Möhrensalat mit den gerösteten Walnüssen.

COUSCOUS-GEMÜSE-SALAT

ZUTATEN FÜR 4 PORTIONEN:

- 300 g Couscous (am besten Vollkorn-Couscous)
- 500 ml Gemüsebrühe
- einige Röschen Blumenkohl und Brokkoli
- 1 Möhre
- 1 rote Paprikaschote
- 3 EL Zitronensaft
- 5 EL Öl
- 1 TL Kreuzkümmel
- Salz und Pfeffer

Nährwerte pro Portion (4):

421 kcal | 58,4 g Kohlehydrate | 10,8 g Eiweiß | 13,8 g Fett

ZUBEREITUNG:

1. Kochen Sie die Gemüsebrühe auf, streuen den Couscous ein, schalten den Herd ab und lassen den Couscous quellen.
2. In der Zwischenzeit garen Sie Blumenkohl und Brokkoli bissfest. Putzen Sie die Möhre, schneiden sie in kleine Würfel und dünsten sie in etwas Pflanzenbutter und 1 EL Wasser nicht zu weich.
3. Putzen Sie die Paprikaschote und würfeln sie.
4. Für die Marinade mischen Sie Öl mit Zitronensaft, Salz, Pfeffer und Kreuzkümmel und verrühren es mit dem Couscous.
5. Heben Sie das Gemüse unter den Couscous.

AVOCADOSALAT MIT VEGANER MAYONNAISE

ZUTATEN FÜR 4 PORTIONEN:

- 2 Avocados
- 1 Gurke
- 2 Tomaten

Dressing:

- 5 EL Mayonnaise (Rezept bei „Snacks, Dips & Aufstriche“)
- 2 EL Kapern
- etwas Zitronensaft
- evtl. 1 Prise Zucker
- 1 EL Dillkraut
- 1 EL Kresse
- Salz und Pfeffer

Nährwerte pro Portion (4):

310 kcal | 2,1 g Kohlehydrate | 2,7 g Eiweiß | 30,7g Fett

ZUBEREITUNG:

1. Bereiten Sie zunächst das Dressing zu:
   Verrühren Sie die Mayonnaise mit den Kräutern und den Kapern und schmecken mit Zitronensaft, Zucker, Salz und Pfeffer ab.
2. Schälen Sie die Avocado und schneiden sie in mundgerechte Stückchen. Schneiden Sie die Gurke in feine Stifte und die Tomaten in Würfel.
3. Verteilen Sie die Avocadostückchen in vier Salatschüsselchen, darauf kommen die Gurkenstifte und die Tomatenwürfel.
4. Geben Sie das Dressing auf den Salat und bestreuen ihn zuletzt mit gehacktem Dillkraut und Kresse.

KARTOFFEL-MÖHRENSALAT

ZUTATEN FÜR 6 PORTIONEN:

- 800 g festkochende Kartoffeln (Salatkartoffeln)
- 1 große Zwiebel
- 1 große Möhre
- 3 EL Pflanzenbutter
- 200 ml Gemüsebrühe
- 5 EL Öl
- 1 EL Essig
- 1 EL Senf
- 1 TL Salz
- ½ Bund Petersilie

Nährwerte pro Portion (6):

241 kcal | 25,8 g Kohlehydrate | 3,5 g Eiweiß | 12,8 g Fett

ZUBEREITUNG:

1. Kochen Sie die Kartoffeln mit der Schale, schälen sie, lassen sie abkühlen und schneiden sie in nicht zu dicke Scheiben.
2. Schneiden Sie die Zwiebel in feine Würfel. Putzen und schälen Sie die Möhre, halbieren sie der Länge nach und schneiden sie in nicht zu dicke Scheiben.
3. Für die Marinade dünsten Sie Zwiebel und Möhrenscheiben in der zerlassenen Pflanzenbutter.
4. Löschen Sie mit Essig ab, gießen die Gemüsebrühe dazu und lassen alles etwa 3 Minuten köcheln.
5. Fügen Sie Öl und Senf zur Marinade hinzu, vermixen alles gut mit einer Schneerute, gießen die Marinade über die Kartoffeln und vermengen alles vorsichtig.
6. Lassen Sie den Kartoffel-Möhrensalat vor dem Servieren mindestens 1 Stunde durchziehen.
7. Hacken Sie die Petersilie und streuen sie vor dem Servieren über den Salat.

CHINESISCHER NUDELSALAT

ZUTATEN FÜR 4 PORTIONEN:

- 200 g frischer fester Tofu
- 125 g Reisnudeln
- 100 g Bohnensprossen
- 2 Stängel Zitronengras
- ½ Bund frischer Koriander
- ½ Bund frische Minze
- 2 Stangen Frühlingszwiebel
- 2 Tomaten
- ½ Salatgurke
- 50 g geröstete Erdnüsse, gehackt

Dressing:

- 80 ml Limettensaft
- 80 ml Sojasoße
- 4 EL feiner Rohrzucker
- 2 Zehen Knoblauch, zerdrückt
- 1 Möhre, fein geraspelt

Nährwerte pro Portion:

362 kcal | 50,7 g Kohlehydrate | 13,2 g Eiweiß | 10,6 g Fett

ZUBEREITUNG:

1. Bereiten Sie zunächst das Dressing zu, indem Sie alle Zutaten gut vermischen. Stellen Sie das Dressing vorerst beiseite.
2. Schneiden Sie den Tofu in längliche, etwa 2 cm breite Streifen und braten diese in heißem Öl goldbraun und knusprig. Lassen Sie sie auf einem Küchentuch abtropfen.
3. Reisnudeln und Bohnensprossen geben Sie in eine große Schüssel, übergießen sie mit kochendem Wasser und lassen sie etwa 5 Minuten stehen, bis die Nudeln gegart sind.
4. Gießen Sie Nudeln und Bohnensprossen ab, lassen sie gut abtropfen und geben sie dann wieder in die (abgetrocknete) Schüssel.
5. Schneiden Sie das Zitronengras in sehr dünne Scheibchen, ebenso die Frühlingszwiebeln und hacken Sie die Kräuter.
6. Entfernen Sie die Kerne aus den Tomaten und schneiden sie in Spalten. Schneiden Sie die Salatgurke in dünne Stifte.
7. Fügen Sie zu den Nudeln und Bohnensprossen die gehackten Kräuter, das Zitronengras und die Frühlingszwiebeln hinzu. Vermischen Sie die Zutaten gut und verteilen sie auf vier Teller.
8. Setzen Sie den gebratenen Tofu, die Tomatenspalten und Gurkenstifte darauf, übergießen den Salat mit dem Dressing und bestreuen ihn mit gehackten Erdnüssen.

BEET ANFRADENA

ZUTATEN FÜR 4 PORTIONEN:

- 250 g Rote Bete, vorgekocht
- ½ frische Ananas
- 1 Zwiebel
- 2 EL Essig
- ½ TL Salz
- ½ TL Zucker

Nährwerte pro Portion:

89 kcal | 18,3 g Kohlehydrate | 1,7 g Eiweiß | 0,3 g Fett

ZUBEREITUNG:

1. Schneiden Sie die Rote Bete in dünne Scheiben.
2. Schneiden Sie die halbe Ananas in etwa 2 cm dicke Scheiben, entfernen dann die Schale von den Scheiben und den Strunk in der Mitte. Das weiche Fruchtfleisch zerteilen Sie in mundgerechte Stücke.
3. Schneiden Sie die Zwiebel in dünne Ringe / Scheiben.
4. Vermischen Sie in einer Schüssel die Rote Bete, die Ananasstücke und die Zwiebelringe.
5. Für das Dressing verrühren Sie Essig, Salz und Zucker und mischen es unter den Salat. Lassen Sie den Salat etwa 30 Minuten durchziehen.

BOHNENSPROSSENSALAT

ZUTATEN FÜR 4 PORTIONEN:

- 300 g Bohnensprossen
- 1 rote Paprikaschote
- 2 Stangen Frühlingszwiebel

Dressing:

- 3 EL Sesamsaat
- 2 EL Essig
- 2 EL Sojasoße
- 1 EL Feinkristallzucker
- ½ TL Salz
- ½ TL frisch gemahlener schwarzer Pfeffer
- 1 Zehe Knoblauch
- 4 EL Pflanzenöl

Nährwerte pro Portion:

212 kcal | 10,6 g Kohlehydrate | 5,8 g Eiweiß | 14,8 g Fett

ZUBEREITUNG:

1. Übergießen Sie die Bohnensprossen mit kochendem Wasser und lassen sie 2 Minuten ziehen – danach gießen Sie das Wasser ab.
2. Für das Dressing rösten Sie die Sesamsaat in einer Pfanne ohne Öl, bis die Samen goldbraun sind. Behalten Sie etwa 1 EL davon für die Garnitur zurück.
3. Verrühren Sie alle Dressingzutaten (behalten Sie 1 EL Sesamsaat zurück) gut miteinander und lassen langsam das Öl unter ständigem Rühren mit einer Schneerute einfließen.
4. Entkernen Sie die Paprikaschote und schneiden sie in schmale Streifen. Die Frühlingszwiebeln schneiden Sie in Ringe. Mischen Sie beides unter die Bohnensprossen.
5. Heben Sie das Dressing unter und lassen den Salat eine Stunde im Kühlschrank durchziehen.
6. Zum Servieren bestreuen Sie den Salat mit dem restlichen Sesam.

ASSULTA ARRAGHIF

ZUTATEN FÜR 4 PORTIONEN:

- 4 Pitabrote
- 3 EL Olivenöl
- 3 große Fleischtomaten, in mundgerechte Spalten geschnitten
- 1 Bund Frühlingszwiebeln, in schmale Ringe geschnitten
- ½ Salatgurke, in Stifte geschnitten
- je 1 grüne und rote Paprikaschote, entkernt und gehackt
- 5 Radieschen, in Scheiben geschnitten
- ½ Bund Petersilie, gehackt
- 3 Stängel Minze, gehackt
- 1 Romanescosalat-Herz, in Streifen geschnitten

Dressing:

- 1 Zehe Knoblauch
- 1 TL Salz
- eine gute Prise schwarzer Pfeffer
- 4 EL Zitronensaft
- 4 EL Olivenöl

Garnitur:

- 2 EL Granatapfelkerne (optional)

Nährwerte pro Portion:

503 kcal | 54,6 g Kohlehydrate | 10,5 g Eiweiß | 25,9 g Fett

ZUBEREITUNG:

1. Heizen Sie den Backofen auf 200°C vor.
2. Schneiden Sie das Pitabrot in möglichst dünne Scheiben, legen es auf ein Backblech, beträufeln es mit Olivenöl und rösten es im Backrohr, bis es goldbraun und knusprig ist.
3. Dressing:
   Zerdrücken Sie die Knoblauchzehe mit Salz und vermischen sie gut mit Öl und Zitronensaft.
4. Mischen Sie das vorbereitete Gemüse und das Salatherz in einer Salatschüssel, geben die gehackten Kräuter dazu und heben das Dressing unter.
5. Mischen Sie das in mundgerechte Stücke gebrochene Brot in den Salat und bestreuen ihn mit Granatapfelkernen.
   Der Salat sollte sofort serviert werden, solange das Brot knusprig ist.

KOHLSALAT

ZUTATEN FÜR 4 PORTIONEN:

- 400 g Rotkohl
- 250 g Chinakohl
- 1 großer säuerlicher Apfel, in kleine Stücke geschnitten
- 1 Stange Frühlingszwiebel, in feine Ringe geschnitten
- 1 kleine Zwiebel, fein gehackt
- 2 EL Petersilie, gehackt
- 4 EL Rosinen
- 4 EL Walnüsse, gehackt

Dressing:

- 4 EL Essig
- 2 EL Senf
- 2 EL Agavensirup
- 1 TL Salz
- frisch gemahlener schwarzer Pfeffer
- 3 EL Olivenöl

Nährwerte pro Portion:

277 kcal | 22,3 g Kohlehydrate | 5 g Eiweiß | 17,4 g Fett

ZUBEREITUNG:

1. Rotkohl und Chinakohl in der Küchenmaschine fein raspeln und in eine Schüssel geben.
2. Mischen Sie Apfel, Frühlingszwiebel, Zwiebel, Petersilie, Rosinen und Walnüsse unter den Kohl.
3. Für das Dressing verrühren Sie die Zutaten sehr gut und heben es dann unter den Salat.
4. Lassen Sie den Salat mindestens eine halbe Stunde durchziehen.

AUBERGINEN-SALAT

ZUTATEN FÜR 4 PORTIONEN:

- 2 große Auberginen
- ½ TL Salz

Dressing:

- 2 EL Sojasoße
- 1 EL Reisessig
- 2 TL Sesamöl
- 2 Zehen Knoblauch, zerdrückt
- ½ TL Cayennepfeffer

Garnitur:

- 2 Stangen Frühlingszwiebel, in Röllchen geschnitten
- ½ Bund grüner Koriander, fein gehackt
- 1 EL Sesamsaat

Nährwerte pro Portion:

158 kcal | 9,6 g Kohlehydrate | 5,5 g Eiweiß | 8,7 g Fett

ZUBEREITUNG:

1. Schälen Sie die Auberginen und schneiden sie in etwa 2,5 cm große Würfel, die Sie mit dem Salz vermengen.
2. Dämpfen Sie die Auberginenwürfel in 1 EL Wasser, bis sie weich sind – das dauert etwa 20 Minuten.
3. Verrühren Sie die Zutaten fürs Dressing gut miteinander und heben die Auberginenwürfel unter. Vermengen Sie alles gut miteinander und stellen den Salat in den Kühlschrank.
4. In der Zwischenzeit rösten Sie die Sesamsaat in einer heißen Pfanne ohne Öl.
5. Vor dem Servieren bestreuen Sie den Salat mit Frühlingszwiebelröllchen, Koriandergrün und etwas geröstetem Sesam.

SPARGELSALAT

ZUTATEN FÜR 4 PORTIONEN:

- 800 g Spargel
- ½ TL Salz
- 2 x eine Prise Zucker
- 1 EL Pflanzenbutter
- 3 EL Essig
- 3 EL geschmacksneutrales Pflanzenöl
- frisch gemahlener schwarzer Pfeffer
- 1 Bund Schnittlauch, in Röllchen geschnitten
- ½ Bund Petersilie, gehackt

Nährwerte pro Portion:

133 kcal |4,9 g Kohlehydrate | 4,3 g Eiweiß | 10 g Fett

ZUBEREITUNG:

1. Den Spargel großzügig schälen und die holzigen Enden wegschneiden (Enden und Schalen können für Spargelsuppe verwendet werden).
2. Bringen Sie ausreichend Wasser zum Kochen und rühren Salz, Zucker und etwas Pflanzenbutter ein. In diesem Sud lassen Sie den Spargel etwa 10 bis 15 Minuten kochen. Danach schneiden Sie ihn in etwa 3 cm lange Stücke.
3. Schöpfen Sie etwa 200 ml vom Sud ab und gießen Sie ihn in eine Schüssel. Mischen Sie 3 EL Essig, 3 EL Öl, Salz, Pfeffer, Zucker und die Kräuter in den Sud (sollte leicht säuerlich schmecken) und legen die Spargelstücke ein.
4. Lassen Sie den Salat vor dem Servieren etwa 2 Stunden durchziehen.

SOSSEN

SWEET 'N HOT-SOSSE

ZUTATEN FÜR 4 PORTIONEN:

- 1 rote Chilischote
- 2 Zehen Knoblauch
- 50 g Rohrohrzucker
- 50 ml Essig
- ½ Maisstärke
- etwas Salz

Nährwerte pro Portion (4):

70 kcal | 17 g Kohlehydrate | 0,3 g Eiweiß | 0 g Fett

ZUBEREITUNG:

1. Schneiden Sie Knoblauch und Chilischote sehr klein und zerstampfen sie noch etwas im Mörser.
2. In einem Topf erwärmen Sie 60 ml Wasser mit Zucker, Essig und Salz, bis sich der Zucker aufgelöst hat.
3. Nun geben Sie die Chili-Knoblauchmischung dazu und köcheln alles bei mittlerer Hitze etwa 5 Minuten lang.
4. Rühren Sie die Maisstärke mit 1 El Wasser an und rühren sie in die köchelnde Soße ein.
5. Lassen Sie die Soße noch einige Minuten weiterköcheln, bis sie etwas eingedickt ist.

EINFACHE BRAUNE SOSSE

ZUTATEN FÜR 4 PORTIONEN:

- 2 EL Öl
- 2 EL Mehl
- 400 ml Gemüsebrühe
- 2 EL Sojasoße
- Salz, Pfeffer

Nährwerte pro Portion (4):

55 kcal | 1,1 g Kohlehydrate | 1,2 g Eiweiß | 5,1 g Fett

ZUBEREITUNG:

1. Erhitzen Sie das Öl und rühren das Mehl ein. Rösten Sie es unter ständigem Rühren, bis es gut gebräunt ist.
2. Gießen Sie nach und nach unter ständigem Rühren (am besten mit einer Schneerute) die Gemüsebrühe zu. Es dürfen dabei keine Klümpchen entstehen. Sollte das doch der Fall sein, rühren Sie besonders rasch und kräftig, bis sie sich auflösen.
3. Lassen Sie die Soße etwa 10 Minuten lang bei kleiner Hitze köcheln und schmecken sie mit Salz, Pfeffer und Sojasoße ab.

CREMIGE „KÄSE"SOSSE

ZUTATEN FÜR 4 PORTIONEN:

- 200 g Cashewkerne oder 200 g Cashewmus
- 2 EL gutes Pflanzenöl
- 2 Zehen Knoblauch, durch die Knoblauchpresse gedrückt
- 1 TL Zwiebelpulver
- ½ TL Knoblauchpulver
- 1 EL Hefeflocken
- Salz, Pfeffer

Nährwerte pro Portion (4):

361 kcal | 17,6 g Kohlehydrate | 7,7 g Eiweiß | 28,5 g Fett

Wenn Sie die Cashews selbst mahlen wollen, brauchen Sie für dieses Rezept einen Hochleistungsmixer.

ZUBEREITUNG:

1. Weichen Sie die Cashews über Nacht ein, schütten Sie am nächsten Tag das Einweichwasser weg und brausen die Cashews ab.
2. Geben Sie Cashews mit ein wenig Wasser und Pflanzenöl in einen Mixer.
3. Beim Mixen können Sie hin und wieder etwas Wasser hinzugießen, um die gewünschte Soßenkonsistenz zu erreichen.
4. Schmecken Sie die Soße mit Knoblauch, Hefeflocken und Gewürzen ab.

ERDNUSS-INGWER-SOSSE

ZUTATEN FÜR 4 PORTIONEN:

- 100 g Erdnussbutter
- 2 cm Ingwer, fein gerieben
- 5 EL Olivenöl
- 3 EL Sojasoße
- 1 TL Knoblauchpulver
- 1 EL Agavendicksaft
- 1 EL Zitronensaft
- Salz

Nährwerte pro Portion (4):

334 kcal | 7,7 g Kohlehydrate | 7 g Eiweiß | 30,1 g Fett

ZUBEREITUNG:

1. Mischen Sie Erdnussbutter mit Agavendicksaft, Ingwer, Knoblauchpulver und Sojasoße und verrühren alles sehr gut.
2. Unter weiterem Rühren fügen Sie das Olivenöl tropfenweise hinzu.
3. Schmecken Sie die Soße mit Zitronensaft und Salz ab.

PAPRIKASOSSE

ZUTATEN FÜR 4 PORTIONEN:

- 3 rote Paprikaschoten
- 2 Zehen Knoblauch
- 1 EL Essig
- 2 EL Tomatenmark
- ½ TL Kreuzkümmel
- ½ TL edelsüßer Paprika
- 100 ml Olivenöl

Nährwerte pro Portion (4):

286 kcal | 9,6 g Kohlehydrate | 1,8 g Eiweiß | 23,8 g Fett

ZUBEREITUNG:

1. Putzen Sie die Paprikaschoten und schneiden sie in kleine Würfel. Schälen und hacken Sie den Knoblauch grob.
2. Geben Sie alle Zutaten außer Olivenöl in einen hohen Mixbecher und pürieren sie mit einem Stabmixer fein.
3. Während Sie weiter mit dem Stabmixer pürieren, lassen Sie das Olivenöl langsam einfließen.

BOLOGNESE MIT GRÜNKERN UND GEMÜSE

ZUTATEN FÜR 4 PORTIONEN:

- 100 g geschroteter Grünkern
- 600 ml Gemüsebrühe
- 1 Karotte
- ¼ Sellerieknolle
- 1 gelbe Rübe
- 1 kleine Zucchini
- 1 Zwiebel
- 800 g stückige Tomaten
- 3 EL Tomatenmark
- 2 EL Olivenöl
- 2 EL frisches Basilikum, gehackt
- Salz, Pfeffer

Nährwerte pro Portion (4):

308 kcal | 40,7 g Kohlehydrate | 9,6 g Eiweiß | 10,5 g Fett

ZUBEREITUNG:

1. Rösten Sie den Grünkern in 1 EL Olivenöl so lange, bis er etwas dunkler wird, löschen mit der Gemüsebrühe ab und lassen es aufkochen. Dann nehmen Sie den Topf vom Herd und lassen den Grünkern etwa 20 Minuten quellen.
2. Währenddessen waschen und putzen Sie das Gemüse und schneiden es in kleine Würfel. Die Zwiebel schneiden Sie ebenfalls in feine Würfel.
3. Rösten Sie das Gemüse in 2 EL Olivenöl gut an und fügen dann den fertig gequollenen Grünkern hinzu. Löschen Sie mit den stückigen Tomaten ab und lassen die Soße bei kleiner Hitze gut eine halbe Stunde köcheln.
4. Zuletzt rühren Sie noch Tomatenmark und Basilikum ein und schmecken mit Salz und Pfeffer ab.

Weitere Soßenrezepte finden Sie hier:
Rahmsoße: Rahmgemüse in „Beilagen, Salate & Soßen"
Béchamelsoße: Blumenkohl mit Béchamelsoße in „Beilagen, Salate & Soßen" und überbackener Kartoffel-Auberginen-Auflauf in „Hauptspeisen pikant"
Tomatensoße: Gefüllte Paprika in „Hauptspeisen pikant"
Chili-Paprika-Soße: Tofu Nuggets in „Hauptspeisen Tofu"
Schokosoße: Pancakes mit Kokosfüllung in „Hauptspeisen süß"

SNACKS, DIPS & AUFSTRICHE

SNACKS

KNABBER-KICHERERBSEN

ZUTATEN FÜR 4 PORTIONEN:

- 400 g Kichererbsen, gegart (oder Dose)
- 1 EL Knoblauchpulver
- 1 El Zwiebelpulver
- 1 TL geräuchertes Paprikapulver (alternativ: edelsüßer Paprika)
- ½ TL gemahlener Rosmarin
- ½ TL Salz
- 3 EL Olivenöl

Nährwerte pro Portion (4):

193 kcal | 13,4 g Kohlehydrate | 5 g Eiweiß | 12,2 g Fett

ZUBEREITUNG:

1. Trocknen Sie die Kichererbsen sehr gut, am besten zwischen zwei Küchentüchern.
2. Rollen Sie die Kichererbsen in Öl, sodass sie rundum davon benetzt sind. Die Gewürze werden erst nach dem Rösten zugegeben.
3. Heizen Sie das Backrohr auf 180°C vor. Belegen Sie ein Backblech mit einer Backmatte / Backpapier.
4. Verteilen Sie die eingeölten Kichererbsen auf dem Backblech und backen sie 25 – 30 Minuten.
5. Mischen Sie in einer ausreichend großen Schüssel die Gewürze und rollen die Kichererbsen darin, sodass sie rundum gewürzt sind.

„KÄSE"-CRACKER

ZUTATEN FÜR 4 PORTIONEN:

- 100 g Mandelmehl oder fein gemahlene Sonnenblumenkerne
- 100 g Mehl
- (oder insgesamt 200 g Weizenmehl)
- 30 g Hefeflocken
- 1 TL Backpulver
- 1 TL Knoblauchpulver
- 1 TL Zwiebelpulver
- ½ TL geräuchertes Paprikapulver
- ½ TL Kurkuma
- 2 EL Olivenöl
- 1 EL Pflanzenbutter
- 1 TL Zitronensaft
- ½ TL Thymian
- ½ TL Rosmarin

Nährwerte pro Portion (4):

239 kcal | 35,8 g Kohlehydrate | 6,9 g Eiweiß | 9,2 g Fett

ZUBEREITUNG:

1. Heizen Sie das Backrohr auf 180°C vor.
2. In einer Schüssel vermischen Sie Mandelmehl und Mehl mit Backpulver und Hefeflocken. Fügen Sie Knoblauchpulver, Zwiebelpulver, Paprika und Kurkuma hinzu und mischen gut durch.
3. Kneten Sie Pflanzenbutter, Olivenöl und Zitronensaft unter und fügen nach und nach während des Knetens etwas Wasser hinzu, bis der Teig nicht mehr krümelig ist.
4. Legen Sie den Teig zwischen 2 Bögen Backpapier und rollen ihn auf etwa 3 mm Dicke aus.
5. Schneiden Sie den Teig in gleichgroße Vierecke und legen ihn mit dem Backpapier auf ein Backblech. Schieben Sie die Vierecke etwas auseinander, damit sie sich nicht berühren.
6. Sprühen Sie etwas Öl darüber und bestreuen Sie die Ecken mit Rosmarin, Thymian und etwas Salz.
7. Backen Sie die Cracker etwa 20 Minuten, bis sie goldgelb sind.

KNOBLAUCH-KNÖPFCHEN

ZUTATEN FÜR 10 STÜCK:

- 250 g Mehl
- 1 TL Trockenhefe
- etwas Salz
- eine Prise Zucker
- 1 EL Öl
- 2 Tassen Wasser
- 2 TL Backpulver

Knoblauch-Topping:

- 2 Knoblauchzehen, durch die Knoblauchpresse gedrückt
- 1 EL Olivenöl
- Oregano
- grobes Salz

Nährwerte pro Stück (10):

109 kcal | 18,2 g Kohlehydrate | 2,6 g Eiweiß | 2,6 g Fett

ZUBEREITUNG:

1. Mischen Sie Mehl, Trockenhefe, Salz und eine Prise Zucker. Kneten Sie den Teig mit Olivenöl und etwas Wasser, bis er glatt und weich ist.
2. Formen Sie eine Kugel und bestreichen den Teig mit Olivenöl. Geben Sie ihn in eine erwärmte Schüssel und lassen ihn zugedeckt an einem warmen Ort aufgehen, bis er etwa die doppelte Größe erreicht hat.
3. Nach der Rastzeit teilen Sie den Teig in 10 gleichgroße Stücke und formen jedes Teil zu einer etwa 15 cm langen Rolle.
4. Formen Sie aus der Rolle einen Knopf, indem Sie die Teigenden miteinander verknoten.
5. Heizen Sie den Ofen auf 200°C vor und bereiten ein Backblech mit Backmatte / Backpapier vor.
6. Erhitzen Sie etwa 300 ml Wasser, bis es kocht und streuen das Backpulver ein.
7. Kochen Sie die Teigknöpfe etwa 1 Minute in dem Backpulver-Bad, nehmen sie wieder heraus und legen sie auf das Backblech.
8. Verrühren Sie für das Topping den Knoblauch mit Öl und Oregano und bestreichen Sie die Knöpfe mit der Mischung, darüber streuen sie das grobe Salz.
9. Backen Sie die Knoblauch-Knöpfchen 20 Minuten, bis sie goldbraun sind.

FLADENBROT AUS DER PFANNE

ZUTATEN FÜR 4 PORTIONEN:

- 150 g Weizenmehl
- 150 g Weizenvollkornmehl
- 100 ml Sojamilch, vermischt mit 100 ml Wasser
- 1 TL Backpulver
- ½ TL Salz
- 1 EL Öl

Nährwerte pro Portion (4):

279 kcal | 49,6 g Kohlehydrate | 8,4 g Eiweiß | 4,1 g Fett

ZUBEREITUNG:

1. Vermischen Sie das Mehl mit Salz und Backpulver.
2. Arbeiten Sie die flüssigen Zutaten nach und nach ein, bis ein weicher, glatter Teig entsteht, den Sie 10 Minuten ruhen lassen.
3. Teilen Sie den Teig in etwa 8 Portionen.
4. Backen Sie in einer Pfanne je eine Portion in etwas Öl auf beiden Seiten heraus.

Tipp: Durch die Zugabe von verschiedenen Gewürzen (Kümmel, Oregano, Rosmarin ...) können Sie das Brot abwandeln.

KNOBLAUCH-KRÄUTER-STANGEN

ZUTATEN FÜR 4 PORTIONEN:

Yufkateig:

- 500 g Weizenmehl
- 50 ml Pflanzenöl
- 2 TL Essig
- 1 Prise Salz

Kräuterpaste:

- 5 Zehen Knoblauch
- 1 Bund Basilikum
- ½ Bund Petersilie
- 1 EL Öl
- Salz
- Pfeffer

Nährwerte pro Portion:

576 kcal | 92,7 g Kohlehydrate | 13,8 g Eiweiß | 15,4 g Fett

ZUBEREITUNG:

1. Yufkateig wie im Rezept „Gefüllte Teigtaschen" beschrieben bis Schritt d) herstellen.
2. Zerdrücken Sie die Knoblauchzehen, hacken Sie die Kräuter grob, vermischen alles mit 1 EL Öl und pürieren es mit dem Pürierstab, sodass Sie eine Kräuterpaste erhalten.
3. Bestreichen Sie die erste Teigblatt mit zerlassener Pflanzenbutter und dünn mit Kräuterpaste, legen Sie das nächste Teigblatt darauf und verfahren Sie ebenso, bis alle Teigblätter übereinander liegen.
4. Pinseln Sie das oberste Teigblatt mit Olivenöl ein und schneiden Sie den Teig im etwa 3 cm breite Streifen.
5. Legen Sie die Streifen auf ein mit Backpapier oder Backmatte belegtes Backblech und backen sie bei 200°C in etwa 12 Minuten goldbraun.

DIPS & AUFSTRICHE

HUMMUS / GRUNDREZEPT

ZUTATEN FÜR 10 PORTIONEN:

- 500 g Kichererbsen (Dose) oder 250 g trockene
- 3 Zehen Knoblauch
- 1 Zitrone / Saft
- 2 EL Sesampaste (Tahin)
- 50 ml Olivenöl
- etwas Salz

Nährwerte pro Portion (10):

108 kcal | 6,8 g Kohlehydrate | 2,5 g Eiweiß | 7,3 g Fett

ZUBEREITUNG:

1. Kichererbsen kochen: Weichen Sie die Kichererbsen über Nacht ein, schütten das Einweichwasser am nächsten Tag weg, brausen die Kichererbsen ab und kochen sie, bis sie ganz weich sind.
   Achtung: Kichererbsen nicht roh essen, sie müssen mindestens 20 Minuten gekocht werden.
2. Drücken Sie den Knoblauch durch eine Knoblauchpresse.
3. Geben Sie die Kichererbsen und alle anderen Zutaten in einen Mixer und mixen alles zu dickcremiger Konsistenz. Falls Sie es weniger dickcremig wollen, können Sie vor dem Mixen noch etwas Wasser hinzufügen.

Tipp: Hummus ist sehr wandlungsfähig, Sie können ihn mit verschiedenen pikanten wie süßen Zutaten abwandeln. Eine Variante finden Sie unter „Hummus-Paprika-Dip“.

HUMMUS-PAPRIKA-DIP

ZUTATEN FÜR 10 PORTIONEN:

- 1 Portion Hummus laut Grundrezept
- 3 rote Paprikaschoten / weichgeröstet und enthäutet
- oder 1 kleines Glas fertig geröstete Paprikaschoten

Nährwerte pro Portion (10):

123 kcal | 6,8 g Kohlehydrate | 2,8 g Eiweiß | 7,6 g Fett

ZUBEREITUNG:

1. Bereiten Sie den Hummus laut Grundrezept (Rezept unter „Snacks, Dips & Aufstriche“).
2. Putzen Sie die Paprikaschoten, schneiden sie in Stücke und grillen sie im Backofen, bis die Haut platzt und die Schoten ganz weich sind.
3. Ziehen Sie die Haut ab, schneiden die Teile klein und mischen sie unter die Hummuspaste.
4. Mit dem Stabmixer pürieren Sie alles zu einer cremigen Masse.

JOGHURT-DIP

ZUTATEN FÜR 4 PORTIONEN:

- 400 g Soja-Joghurt
- 2 Zehen Knoblauch
- 1 EL Hummus
- ½ TL gemahlener Ingwer (alternativ 1 cm frischer Ingwer, fein gerieben)
- 1 Prise Kurkuma
- Salz und Pfeffer

Nährwerte pro Portion (4):

30,2 kcal | 2,8 g Kohlehydrate | 1,7 g Eiweiß | 1,3 g Fett

ZUBEREITUNG:

Drücken Sie die Knoblauchzehen durch die Knoblauchpresse und verrühren Sie alle Zutaten gut mit dem Joghurt.

KARAMELL-DIP

ZUTATEN FÜR 10 PORTIONEN:

- 200 g ungesalzene Erdnussbutter
- 100 g Ahornsirup oder Agavendicksaft
- 70 g geschmolzenes Kokosfett

Nährwerte pro Portion (10):

225 kcal | 11,7 g Kohlehydrate | 5,1 g Eiweiß | 17,2 g Fett

ZUBEREITUNG:

Verrühren Sie alle Zutaten miteinander und rühren den Dip gut durch, bis er eine cremige, homogene Konsistenz aufweist.

Passt zu Obst oder als Topping auf Nicecream, Kuchen ...

VEGANE BUTTER

ZUTATEN FÜR 20 PORTIONEN À 20 G:

- 150 g rohe Cashews (nicht geröstet)
- 250 ml raffiniertes Kokosöl
- 1 TL Salz
- 4 EL Pflanzenöl
- 1 EL Zitronensaft
- 1 Msp. Kurkuma (für die Farbe)

Nährwerte pro Portion (20):

167 kcal | 2,5 g Kohlehydrate | 1,1 g Eiweiß | 16,9 g Fett

Für dieses Rezept brauchen Sie einen Hochleistungsmixer.

ZUBEREITUNG:

1. Weichen Sie die Cashews über Nacht ein, mindestens jedoch 6 Stunden.
2. Lassen Sie die Cashews abtropfen und brausen sie kurz mit kaltem Wasser ab.
3. Lassen Sie das Kokosöl im Wasserbad zergehen.
4. Geben Sie die Cashews und 125 ml Wasser in einen Mixer und fügen Zitronensaft, Salz und Kurkuma hinzu.
5. Mixen Sie so lange, bis die Mischung glatte Konsistenz aufweist, es sollten keine Cashew-Stückchen mehr dabei sein.
6. Gießen Sie nun das Kokosöl und das Pflanzenöl dazu und mixen Sie weiter, bis die Mischung leicht und „fluffig“, schaumig wird.
7. Gießen Sie die Veganbutter-Mischung in ein flaches Gefäß oder eine Silikonform und lassen sie mehrere Stunden lang im Kühlschrank fest werden.

VEGANE MAYONNAISE

ZUTATEN FÜR 8 PORTIONEN:

- 100 ml Sojamilch (Achtung, funktioniert mit anderer Pflanzenmilch nicht so gut)
- 100 ml Rapsöl
- 1 EL Essig oder Zitronensaft
- ½ TL Senf

Nährwerte pro Portion (8):

123 kcal | 0,8 g Kohlehydrate | 0,7 g Eiweiß | 13 g Fett

ZUBEREITUNG:

1. Geben Sie Sojamilch, Senf und Essig / Zitronensaft in ein hohes Gefäß und mixen es mit dem Stabmixer gut durch.
2. Während Sie weiter mixen, geben Sie das Öl tropfenweise zu, bis die Mayonnaise die gewünschte Konsistenz hat. Sollte sie zu fest werden, können Sie während des Mixens noch etwas Sojamilch zugeben, wird sie zu dünnflüssig, fügen Sie nach und nach ein wenig Öl zu.
3. Würzen Sie mit Salz und Pfeffer, eventuell mit ein wenig Zitronensaft.

VEGANE CRÈME FRAÎCHE

ZUTATEN FÜR 10 PORTIONEN:

- 200 g rohe Cashews (oder 200 g fertiges Cashewmus)
- 180 ml Sojamilch
- ½ Zitrone, Saft
- etwas Salz

Nährwerte pro Portion (10):

130 kcal | 7 g Kohlehydrate | 3,4 g Eiweiß | 9,7 g Fett

Wenn Sie die Cashews selbst mahlen wollen, brauchen Sie für dieses Rezept einen Hochleistungsmixer.

ZUBEREITUNG:

1. Weichen Sie die Cashews über Nacht ein. Gießen Sie das Einweichwasser am nächsten Tag weg und spülen die Kerne ab.
2. Mixen Sie Cashews (Cashewmus), Sojamilch, Zitronensaft und Salz bis zu gleichmäßig dickcremiger Konsistenz und lassen die Crème fraîche noch etwa 1 Stunde im Kühlschrank ziehen.

Tipp: Angereichert mit Gewürzen und Kräutern eignet sich die Crème fraîche sehr gut als Dip oder Brotaufstrich.

VEGANE SAHNE

ZUTATEN FÜR ETWA 400 G:

- 400 ml Kokosmilch
- einige Tropfen Vanilleextrakt

Nährwerte pro Portion:

1014 kcal | 24 g Kohlehydrate | 9,2 g Eiweiß | 96 g Fett

Für dieses Rezept brauchen Sie einen Sahnespender mit Sahnekapseln.

ZUBEREITUNG:

1. Tropfen Sie ein wenig Vanilleextrakt in die Kokosmilch und füllen sie in einen Sahnespender.
2. Setzen Sie eine passende Tülle auf den Sahnespender, schütteln ihn mehrmals gut durch und drücken die Kokossahne heraus.

ZWIEBELSCHMALZ

ZUTATEN FÜR 15 PORTIONEN:

- 200 g Kokosfett (geschmacksneutral)
- 40 ml Rapsöl
- 1 große Zwiebel
- 3 Zehen Knoblauch
- 1 Apfel
- Rosmarin, gemahlen
- Piment, gemahlen
- Thymian, gerebelt
- Majoran, gerebelt
- Salz und Pfeffer

Nährwerte pro Portion (15):

153 kcal | 1,8 g Kohlehydrate | 0,3 g Eiweiß | 16 g Fett

ZUBEREITUNG:

1. Schälen und entkernen Sie den Apfel und schneiden ihn in kleine Stückchen.
2. Drücken Sie den Knoblauch durch die Knoblauchpresse und hacken Sie die Zwiebel fein. Zerlassen Sie das Kokosfett.
3. Rösten Sie die Zwiebel in 2 EL Rapsöl braun und knusprig, fügen Sie unter Rühren die Apfelstückchen hinzu und rösten alles für etwa 1 Minute.
4. Geben Sie den Knoblauch, die Gewürze, das zerlassene Kokosfett und das restliche Rapsöl zu und lassen alles etwa 10 bis 15 Minuten bei geringer Hitze unter gelegentlichem Umrühren braten.
5. Auskühlen lassen und zum Festwerden in den Kühlschrank stellen.

KRÄUTER"KÄSE"

ZUTATEN FÜR 8 PORTIONEN:

- 250 g blanchierte Mandeln
- 125 g rohe Cashews
- ½ Zitrone, Saft
- 5 EL Öl
- 3 Zehen Knoblauch
- ½ TL Oregano
- ½ TL Thymian
- 1 Prise Basilikum
- Salz
- 1 TL Öl zum Bepinseln

Nährwerte pro Portion (8):

357 kcal | 8,2 g Kohlehydrate | 9,1 g Eiweiß | 31,1 g Fett

Für dieses Rezept brauchen Sie einen Hochleistungsmixer.

ZUBEREITUNG:

1. Übergießen Sie Mandeln und Cashews mit warmem Wasser und lassen sie einige Stunden einweichen.
2. Danach spülen Sie die Kerne mit klarem Wasser ab und geben sie zusammen mit Knoblauch, Öl, Zitronensaft, den Gewürzen und Salz in den Mixer. Mixen Sie, bis eine homogene Masse entsteht, die noch leicht krümelig sein darf.
3. Schlagen Sie die Masse in ein sauberes, locker gewebtes Küchentuch ein und pressen Sie die Feuchtigkeit heraus.
4. Binden Sie das Tuch fest ab und lassen es in einem Sieb über Nacht im Kühlschrank abtropfen.
5. Am nächsten Tag füllen Sie die Masse in eine passende Auflaufform, bepinseln sie mit Öl und backen sie bei 180°C, bis sie goldbraun ist - das dauert etwa 30 Minuten. Um sicherzustellen, dass der Käse auch innen durchgebacken wird, können Sie ihn nach der halben Backzeit mit einem Zahnstocher mehrmals anstechen.

BOHNENAUFSTRICH

ZUTATEN FÜR 1 PORTION:

- 100 g getrocknete weiße Bohnen (oder fertig gegart aus der Dose, 300 g)
- 1 große Zwiebel
- 1 Apfel
- 1 EL neutrales Pflanzenöl (z.B. Rapsöl)
- 1 TL Sojasoße
- 1 Zehe Knoblauch
- Salz
- Majoran
- Lorbeerblatt
- Salz und Pfeffer

Nährwerte für die ganze Portion:

416 kcal | 62 g Kohlehydrate | 11 g Eiweiß | 11,2 g Fett

ZUBEREITUNG:

1. Weichen Sie die Bohnen über Nacht ein.
2. Am nächsten Tag gießen Sie das Einweichwasser weg und setzen die Bohnen in frischem Wasser auf. Kochen Sie sie so lange, bis sie ganz weich sind und leicht zerdrückt werden können.
3. Hacken Sie die Zwiebel und den Knoblauch sehr fein, schälen Sie den Apfel und schneiden ihn in kleine Stückchen.
4. Braten Sie die Zwiebel in Öl glasig, dann fügen Sie den klein gehackten Knoblauch, das Lorbeerblatt und schließlich die Apfelstückchen hinzu und rösten unter Rühren weiter, bis die Apfelstückchen weich sind. Zuletzt rühren Sie die Sojasoße ein.
5. Dann lassen Sie die Mischung abkühlen und verrühren sie mit den Bohnen (ohne Kochwasser). Würzen Sie mit Salz, Pfeffer und Majoran.
6. Pürieren Sie die Masse zu glatter und cremiger Konsistenz.

MÖHREN-HASELNUSS-AUFSTRICH

ZUTATEN FÜR 4 PORTIONEN Á 80 G:

- 200 g Möhren
- 2 Zehen Knoblauch
- 50 g Haselnüsse, gerieben
- 5 EL Gemüsebrühe
- einige Stängel Petersilie
- ½ TL Zitronensaft
- Salz, Pfeffer
- eine Prise Kreuzkümmel
- 1 EL Öl

Nährwerte pro Portion (4):

154 kcal | 8,7 g Kohlehydrate | 4,2 g Eiweiß | 10,9 g Fett

ZUBEREITUNG:

1. Putzen, waschen und schälen Sie die Möhren und schneiden sie in kleine Würfel.
2. Erhitzen Sie das Öl in einer Pfanne, geben die Möhren dazu und dünsten sie an. Dann drehen Sie die Hitze herunter, gießen die Brühe zu und dünsten die Möhren weitere 5 Minuten bei geschlossenem Deckel.
3. In der Zwischenzeit drücken Sie die Knoblauchzehen durch die Presse und hacken die Petersilie klein. Vermengen Sie Knoblauch mit Zitronensaft, Gewürzen und der Petersilie.
4. Sobald die Möhren weichgedünstet sind, gießen Sie die Brühe (falls noch vorhanden) ab und geben die Möhren in eine Schüssel.
5. Fügen Sie die geriebenen Haselnüsse hinzu und die Knoblauch-Gewürz-Mischung und pürieren die Masse zu cremiger Konsistenz.

PILZ-AUFSTRICH

ZUTATEN FÜR 4 PORTIONEN:

- 1 Zwiebel
- 1 Zehe Knoblauch
- 400 g Pilze, z.B. Pfifferlinge, Austernpilze, Champignons ...
- 1 EL Kokosfett, neutral
- 1 EL Öl
- 1 TL Kurkuma
- ½ TL Thymian
- ½ TL Rosmarin
- ½ TL Salz

Nährwerte pro Portion (4):

84,5 kcal | 2,1 g Kohlehydrate | 3,1 g Eiweiß | 6,5 g Fett

ZUBEREITUNG:

1. Schälen und hacken Sie Zwiebel und Knoblauch. Putzen Sie die Pilze und schneiden sie in Scheiben.
2. Braten Sie die Zwiebel in Kokosfett an, geben etwas später den Knoblauch zu und rösten ihn kurz mit.
3. Geben Sie die geschnittenen Pilze dazu und gießen etwa 3 EL Wasser auf.
4. Rühren Sie Salz, Thymian und Rosmarin ein. Bei geschlossenem Deckel lassen Sie alles etwa 10 Minuten lang dünsten.
5. Wenn die Masse abgekühlt ist, kommen Kurkuma, Pfeffer und Olivenöl dazu.
6. Pürieren Sie die Masse mit dem Stabmixer.

SÜSSE AUFSTRICHE

LÖWENZAHNHONIG

ZUTATEN FÜR 4 SCHRAUBGLÄSER / 30 PORTIONEN:

- 200 g Löwenzahnblüten (etwa 200 Stück)
- 1 unbehandelte Zitrone
- 1 ½ Liter Wasser
- 1 kg Zucker

Nährwerte pro Portion (30):

134 kcal | 33,4 g Kohlehydrate | 0 g Eiweiß | 0 g Fett

ZUBEREITUNG:

1. Pflücken Sie die Blüten nur bei trockenem und sonnigem Wetter. Schneiden Sie dazu die Blüten gleich unterhalb des Blütenkopfs ab.
2. Waschen Sie die Zitrone und schneiden sie mit der Schale in Scheiben. Entfernen Sie alle Kerne – diese würden den Honig bitter machen.
3. Waschen Sie die Blüten und geben sie mit dem Wasser und der Zitrone in einen Topf, kochen kurz auf und lassen es dann 15 Minuten bei kleiner Hitze köcheln.
4. Lassen Sie den Sud 24 Stunden stehen und gießen ihn dann durch ein sehr feines Sieb oder durch ein Küchentuch.
5. Kochen Sie den Sud mit 1 kg Zucker zu sirupartiger Konsistenz ein, rühren Sie dabei immer wieder um. Dieser Vorgang dauert mindestens eine Stunde. Der Honig ist fertig, wenn er im abgekühlten Zustand Fäden zieht. Die Farbe des fertigen Löwenzahnsirups ist der von dunklem Waldhonig ähnlich.

BEERENAUFSTRICH

ZUTATEN FÜR 4 PORTIONEN:

- 200 g frische Beeren
- 1 EL Vollrohrzucker

Nährwerte pro Portion:

46 kcal | 9,4 g Kohlehydrate | 0,3 g Eiweiß | 0,3 g Fett

ZUBEREITUNG:

Vermischen Sie die Beeren in einem passenden Topf mit dem Zucker und kochen die Früchte unter ständigem Rühren etwa 10 Minuten.

Kann fürs Frühstück oder als Aufstrich für einen Kuchen problemlos und rasch frisch hergestellt werden.

HOLUNDERBLÜTEN-GELÉE

ZUTATEN FÜR ETWA 6 SCHRAUBGLÄSER À 300 ML:

- 15 Blütendolden vom Holunderstrauch
- 1 Liter veganer Bio-Apfelsaft
- 650 g Gelierzucker 2:1

Nährwerte pro Glas (6 Gläser):

507 kcal | 125,2 g Kohlehydrate | 0,5 g Eiweiß | 0,5 g Fett

ZUBEREITUNG:

1. Pflücken Sie 15 Holunderdolden am besten an einem sonnigen Tag um die Mittagszeit.
2. Nicht waschen, nur abschütteln, um kleine Insekten zu entfernen. Dann übergießen Sie die Dolden mit dem Apfelsaft und lassen alles 24 Stunden zugedeckt ziehen.
3. Nach der Zieh-Zeit kochen Sie den Sud auf und lassen ihn 15 Minuten köcheln. Danach seihen Sie ihn durch ein sehr feines Sieb oder Baumwolltuch.
4. Sud und Gelierzucker genau abmessen und unter ständigem Rühren eine Minute lang einkochen.
5. Danach in saubere Schraubgläser füllen, die Gläser verschließen und auf den Kopf stellen. Ist das Gelée abgekühlt, drehen Sie die Gläser wieder um.
   Das Gelée kann sofort verwendet werden. Kühl und lichtgeschützt gelagert hält es mindestens 1 Jahr.

MÜSLI

OBST-MÜSLI

ZUTATEN FÜR 2 PORTIONEN:

- 300 ml Pflanzenmilch
- 1 Apfel
- 1 Banane
- 2 Datteln
- 30 g Walnusskerne
- 3 EL Haferflocken
- 3 EL Hirseflocken
- 2 EL geschrotete Leinsamen

Nährwerte pro Portion (2):

452 kcal | 55,6 g Kohlehydrate | 10,6 g Eiweiß | 18,2 g Fett

ZUBEREITUNG:

1. Schneiden Sie den Apfel mit der Schale auseinander, entkernen ihn und schneiden ihn in dünne Scheibchen.
2. Teilen Sie die Banane in zwei Hälften und geben in jede Müslischüssel eine Hälfte und zerdrücken sie gut mit einer Gabel.
3. Entfernen Sie die Kerne aus den Datteln, schneiden sie klein und geben sie zur zerdrückten Banane in die Schüsseln. Hacken Sie die Walnüsse grob.
4. Erwärmen Sie die Pflanzenmilch und geben die Hafer- und Hirseflocken, den Leinsamen sowie den geschnittenen Apfel hinein und köcheln alles etwa 3 Minuten.
5. Verteilen Sie das Müsli auf zwei Müslischüsseln und verrühren die Masse gut mit der Banane und den Datteln.
6. Bestreuen Sie das Müsli mit den gehackten Walnüssen.

JOGHURT-BEEREN-MÜSLI

ZUTATEN FÜR 2 PORTIONEN:

- 2 Becher Sojajoghurt
- 100 g Himbeeren
- 100 g Heidelbeeren
- 50 g Erdbeeren
- 4 EL feine Dinkelflocken
- 2 TL Leinöl
- 2 TL Agavendicksaft
- 2 EL Pinienkerne, fettfrei in einer beschichteten Pfanne geröstet

Nährwerte pro Portion (2):

357 kcal | 29,6 g Kohlehydrate | 8,6 g Eiweiß | 21,1 g Fett

ZUBEREITUNG:

1. Geben Sie je ein Joghurt in eine Schüssel und rühren je einen TL Leinöl, einen TL Agavendicksaft und 2 EL Dinkelflocken ein. Lassen Sie die Mischung 10 Minuten stehen, damit die Flocken etwas quellen können.
2. Schneiden Sie die Erdbeeren in Scheibchen und rühren Sie mit einem Teil der Himbeeren und Heidelbeeren ins Joghurt.
3. Garnieren Sie das Müsli mit einigen Beeren und bestreuen es mit Pinienkernen.

ZIMT-BANANEN-PORRIDGE

ZUTATEN FÜR 2 PORTIONEN:

- 300 ml Pflanzenmilch
- 40 g feine Haferflocken
- ½ TL Zimt
- 2 Bananen, eine davon in Scheiben geschnitten

Nährwerte pro Portion (2):

216 kcal | 35,7 g Kohlehydrate | 6,8 g Eiweiß | 4,4 g Fett

ZUBEREITUNG:

1. Köcheln Sie die Pflanzenmilch mit den Haferflocken, bis der Brei die erwünschte Konsistenz hat.
2. Zerdrücken Sie eine Banane und mischen sie mit etwas Zimt unter den Brei.
3. Richten Sie den Haferbrei in zwei Schüsseln an, belegen ihn mit Bananenscheiben und streuen je eine Prise Zimt darüber.

MÄRCHENHAFTER HIRSEBREI

ZUTATEN FÜR 2 PORTIONEN:

- 100 g Hirse
- 300 ml Pflanzenmilch
- 1 Banane
- 2 Äpfel
- 1 EL Rosinen
- 2 EL gehackte Cashews

Nährwerte pro Portion (2):

496 kcal | 83,3 g Kohlehydrate | 12 g Eiweiß | 11,2 g Fett

ZUBEREITUNG:

1. Waschen Sie die Hirse mit heißem Wasser und spülen sie gut ab.
2. Geben Sie die Hirse in eine Kasserolle, gießen die Pflanzenmilch zu, streuen die Rosinen ein und lassen es so lange köcheln, bis die Hirse weich ist.
3. Zerdrücken Sie die Banane und mischen sie unter den Brei.
4. Schneiden Sie die ungeschälten Äpfel auseinander und in dünne Scheibchen, behalten Sie einige Scheibchen für die Garnierung zurück, die restlichen rühren Sie in den Brei.
5. Richten Sie den Brei in zwei Schüsseln an, garnieren ihn mit einigen Apfelscheibchen und bestreuen ihn mit gehackten Cashews.

KNUSPERMÜSLI-VORRAT

ZUTATEN FÜR 8 PORTIONEN:

- 180 g Agavensirup
- 1 EL neutrales Pflanzenöl
- 1 TL Vanillezucker
- 150 g Haferflocken
- 100 g Dinkelflocken
- 60 g Sonnenblumenkerne (geschält)
- 80 g Walnüsse, grob gehackt
- 50 g Sesamsaat
- 50 g gehackte Haselnüsse
- 50 g gehackte Mandeln
- 100 g Kokosraspel

Nährwerte pro Portion:

507 kcal |41,3 g Kohlehydrate | 12,1 g Eiweiß | 31 g Fett

ZUBEREITUNG:

1. Vermischen Sie alle Zutaten sehr gut miteinander.
2. Verteilen Sie die Masse auf ein mit Backpapier oder Backmatte ausgelegtes Backblech.
3. Backen Sie das Müsli im vorgeheizten Backofen bei 120°C etwa 45 Minuten. Achten Sie darauf, dass das Müsli nicht zu dunkel wird, da es sonst bitter schmeckt.
4. In einem luftdichten Schraubglas hält das Knuspermüsli etwa 4 Wochen.

SÜSSES

FRECHE FRÜCHTCHEN

ZUTATEN FÜR EINE 26 CM-SPRINGFORM / 12 STÜCK:

- 800 g Früchte, bunt gemischt (Pflaumen, Beeren, Äpfel ...)
- 1 Liter Hafer- oder Mandelmilch
- 300 g Maisgrieß
- etwas Öl für die Backform
- Staubzucker

Nährwerte pro Stück (12):

164 kcal | 31,5 g Kohlehydrate | 2,9 g Eiweiß | 2,4 g Fett

ZUBEREITUNG:

1 Verrühren Sie für den Teig die Hafer- / Mandelmilch mit dem Maisgrieß und lassen sie mehrere Stunden stehen.

2 In der Zwischenzeit waschen Sie die Früchte, entfernen etwaige Schalen und Kerne.

3 Fetten Sie die Backform und streuen die vorbereiteten Früchte hinein.

4 Gießen Sie den Teig über die Früchte und backen den Maiskuchen bei 160°C, bis er goldgelb ist -mit der Stäbchenprobe können Sie feststellen, wann er durchgebacken ist.

Stäbchenprobe:
Dünnes Holzstäbchen (geht auch mit einem Zahnstocher) vorsichtig in den Kuchen stechen - bleibt nichts mehr daran hängen, ist der Kuchen durchgebacken.

SEMOULE À NOIX DE COCO

ZUTATEN FÜR 4 PORTIONEN:

- 500 ml Kokosmilch
- 6 EL Grieß
- 1 EL Agavendicksaft oder Rohrohrzucker
- eine Prise Salz
- 100 g Beeren

Nährwerte pro Portion (4):

374 kcal | 20,4 g Kohlehydrate | 3,3 g Eiweiß | 30 g Fett

ZUBEREITUNG:

1. Erhitzen Sie die Kokosmilch und rühren den Grieß und den Agavendicksaft / Rohrohrzucker ein (Achtung, soll nicht kochen).
2. Rühren Sie weiter, bis der Brei dickflüssig wird und gießen ihn in 4 vorbereitete Schälchen. Lassen Sie den Brei erkalten – er sollte dann eine eher feste, jedoch nicht zu feste Konsistenz haben.
3. Dekorieren Sie die fertige Grießspeise mit Beeren.

ENERGIEBÄLLCHEN

ZUTATEN FÜR 4 PORTIONEN:

- 100 g entsteinte Datteln
- 100 g getrocknete Aprikosen
- 6 EL Mandelmus
- 2 EL feine Haferflocken

Nährwerte pro Portion (4):

150 kcal | 30,4 g Kohlehydrate | 1,9 g Eiweiß | 1,4 g Fett

ZUBEREITUNG:

1. Geben Sie alle Zutaten in einen Mixer und mixen sie zu einer homogenen Masse.
2. Rollen Sie aus der Masse pralinengroße Kugeln und setzen sie in kleine Papierschüsselchen.

KAKAOKUCHEN

ZUTATEN FÜR 1 KASTENFORM / 12 PORTIONEN:

- 200 g Weizenmehl
- 100 g Weizenvollkornmehl
- 120 g weiches Kokosfett oder 100 ml geschmacksneutrales Pflanzenöl
- 200 g Feinkristall-Rohrohrzucker
- 150 g Apfelmus
- 30 g Kakaopulver
- 1 Pckg. Backpulver
- 200 ml Sojamilch
- etwas Öl und Mehl für die Backform

Glasur (optional):

- 100 g Puderzucker
- 1 - 2 EL Wasser

Nährwerte pro Portion (12), ohne Glasur:

261 kcal | 35,6 g Kohlehydrate | 3,6 g Eiweiß | 11 g Fett

ZUBEREITUNG:

1. Rühren Sie das Kokosfett mit Zucker und Apfelmus cremig.
2. Vermengen Sie das Kakaopulver und das Backpulver mit dem Mehl und arbeiten Sie es abwechselnd mit der Sojamilch in die Kokosfett-Masse ein.
3. Fetten und bemehlen Sie eine Kastenform und füllen den Teig ein.
4. Backen Sie den Kuchen bei 160°C etwa 45 Minuten.
5. Glasur: Verrühren Sie den Puderzucker mit Wasser und bestreichen Sie den Kuchen damit.

HEIDELBEERSTRUDEL

ZUTATEN FÜR 10 PORTIONEN:

Teig:

- 250 g glattes Weizenmehl
- 1 EL Öl
- 1 EL Öl zum Bestreichen
- 100 g geschmolzene Pflanzenbutter

Fülle:

- 100 g Paniermehl (Brösel)
- 100 g geriebene Haselnüsse
- 30 g Kokosfett
- 700 g Heidelbeeren
- 1 Zitrone / Schale

Nährwerte pro Portion (10):

348 kcal | 33,8 g Kohlehydrate | 5,6 g Eiweiß | 19,9 g Fett

ZUBEREITUNG:

1. Verkneten Sie Mehl, Öl und 120 ml lauwarmes Wasser zu einem glatten weichen Teig und formen eine Kugel daraus.
2. Bestreichen Sie die Teigkugel mit Öl und lassen sie unter einer erwärmten Kasserolle etwa 30 Minuten rasten.
3. Während der Rastzeit bereiten Sie die Grundlage für die Fülle vor:

   a) Vermengen Sie die geriebenen Haselnüsse mit dem Paniermehl und rösten beides in Kokosfett goldbraun.

   b) Zuckern Sie die geröstete Brösel-Nussmischung und fügen die abgeriebene Zitronenschale hinzu.
4. Nach der Rastzeit legen Sie den Teig auf ein bemehltes Stofftuch und rollen ihn etwas aus. Bestreichen Sie den Rand mit Öl und ziehen nun den Teig aus, bis er durchsichtig ist. Die dicken Teigränder schneiden Sie ab.
5. Streuen Sie die geröstete Brösel-Nussmischung auf drei Viertel des Teigblatts, darauf die Heidelbeeren.
6. Rollen Sie den Teig mithilfe des Stofftuchs zum Strudel und legen diesen auf ein mit einer Backmatte / mit Backpapier belegtes Blech.
7. Bestreichen Sie den Strudel mit etwas geschmolzenem Kokosfett und backen ihn bei 160°C etwa 30 bis 40 Minuten.
8. Wenn Sie den Strudel gerne knusprig mögen, können Sie ihn auch während des Backens noch mehrmals mit zerlassenem Kokosfett bestreichen.

PFLAUMEN-MARZIPAN-TARTE

ZUTATEN FÜR 8 PORTIONEN:

- 150 g Weizenmehl
- 100 g Dinkelmehl
- 50 g Feinkristall-Rohrohrzucker
- 120 g Pflanzenbutter

Fülle:

- 600 g Pflaumen
- 100 g Puderzucker
- 200 g Marzipanrohmasse ohne Honig
- ½ Zitrone, Saft
- 60 g Seidentofu

Nährwerte pro Portion (8):

449 kcal | 65,7 g Kohlehydrate | 6 g Eiweiß | 17,2 g Fett

ZUBEREITUNG:

1 Geben Sie das Mehl in eine Schüssel, dazu die in kleine Stückchen geschnittene kalte Pflanzenbutter und 60 ml kaltes Wasser und verarbeiten alles rasch zu einem glatten Teig.

2 Lassen Sie den Teig zugedeckt 30 Minuten im Kühlschrank ruhen. Fetten Sie die Tartenform ein.

3 Nach der Rastzeit rollen Sie den Teig aus und legen ihn in die Form, wobei Sie den Teigrand rundum in die Höhe ziehen, sodass die ganze Tartenform ausgekleidet ist.

4 Stechen Sie den Boden mehrmals mit einer Gabel an und backen Sie ihn im vorgeheizten Backrohr 15 Minuten bei 180°C vor.

5 In der Zwischenzeit bereiten Sie den Belag vor:

a) Pürieren Sie den Seidentofu.
b) Entkernen Sie die Pflaumen, schneiden sie in Spalten und vermischen sie mit 1 EL Puderzucker.
c) Schneiden Sie die Marzipanrohmasse in kleine Stückchen und vermengen sie mit dem restlichen Puderzucker, dem Zitronensaft und dem Seidentofu. Rühren Sie die Masse glatt.

6 Lassen Sie den Tartenboden nach dem Vorbacken auskühlen und streichen dann die Marzipanmasse darauf. In die Masse legen Sie die Pflaumenspalten.

7 Backen Sie den Kuchen auf der unteren Schiene des Backrohrs etwa 25 Minuten bei 200°C.

HAFERFLOCKEN-COOKIES

ZUTATEN FÜR 4 PORTIONEN:

- 1 reife Banane
- 170 g Haferflocken
- 1 EL Erdnussbutter
- 1 EL Kakaopulver
- 2 EL ungesüßtes Apfelmus
- einige Tropfen Vanilleextrakt

Nährwerte pro Portion (4):

215 kcal | 34,3 g Kohlehydrate | 7,1 g Eiweiß | 4,5 g Fett

ZUBEREITUNG:

1. Heizen Sie das Backrohr auf 180°C vor.
2. Zerdrücken Sie die Bananen und mischen die restlichen Zutaten gut unter.
3. Lassen Sie den Cookie-Teig etwa eine halbe Stunde rasten.
4. Setzen Sie mit dem Teelöffel kleine Häufchen nebeneinander auf ein mit einer Backmatte (Backpapier) belegtes Backblech.
5. Backen Sie die Cookies etwa 10 bis 12 Minuten.

EISCREME „NICECREAM"

ZUTATEN FÜR 2 PORTIONEN / BASIS:

- 2 reife Bananen
- 2 EL Pflanzendrink

Nährwerte pro Basis-Portion (2):

100 kcal | 21,3 g Kohlehydrate | 1,4 g Eiweiß | 0,6 g Fett

ZUBEREITUNG:

1. Schneiden Sie die Bananen in Scheiben und stellen sie mindestens 5 Stunden ins Tiefkühlfach.
2. Geben Sie die gefrorenen Bananenscheiben, den Pflanzendrink und die gewünschte Zutat in einen Mixer und pürieren alles cremig. Funktioniert auch mit einem Stabmixer.
3. Servieren Sie die Nicecream sofort – noch einmal einfrieren wird nicht empfohlen.

Varianten: Basis plus ...
Erdbeereis – 100 g tiefgekühlte Erdbeeren
Schoko-Eis – 1 EL gekühlte Nougat-Nusscreme
Matcha-Eis – 1 TL Matchapulver
Vanille-Eis – Inhalt einer halben Vanilleschote
Heidelbeereis – 100 g tiefgekühlte Heidelbeeren
Mango-Eis – gewürfelte tiefgefrorene Mangostücke
Erdnuss-Eis – 2 EL Crunchy Erdnussbutter
Mandeleis – 2 EL Mandelmus

Tipp: Dazu passt der Karamell-Dip, Rezept in „Snacks, Dips & Aufstriche"

OBSTKUCHEN

ZUTATEN FÜR EINE OBSTKUCHEN-FORM / 8 PORTIONEN:

Teig:

- 180 g Zucker
- 250 ml Wasser
- 6 EL geschmacksneutrales Pflanzenöl
- 4 TL Backpulver
- 1 Pckg. Vanillezucker
- 230 g Mehl

Belag:

- etwa 400 g Obst, gewaschen und in Scheiben oder Spalten geschnitten
- Agar-Agar (pflanzliche Alternative für Gelatine, 8 g entsprechen etwa 5 bis 6 Blatt Gelatine)
- 3 EL Fruchtaufstrich (optional)
- etwas Öl für die Kuchenform

Nährwerte pro Portion (ohne Fruchtaufstrich):

283 kcal | 47,9 g Kohlehydrate | 5,6 g Eiweiß | 7,3 g Fett

ZUBEREITUNG:

1. Geben Sie alle Teigzutaten in eine ausreichend große Schüssel und verrühren sie mit dem Rührgerät zu einem glatten, fluffigen Teig.
2. Heizen Sie den Backofen auf 180°C vor. Fetten Sie eine Obstkuchenform ein.
3. Füllen Sie den Teig in die Form und backen ihn etwa 20 bis 25 Minuten. Mit der Stäbchenprobe können Sie feststellen, ob der Teig schon fertig gebacken ist: Pieksen Sie mit einem Holzstäbchen in den Kuchen, wenn nichts daran hängenbleibt, ist der Kuchen fertig gebacken.
4. Lassen Sie den Boden abkühlen und bereiten in der Zwischenzeit das Obst vor.

   Wenn Sie es gern noch etwas süßer haben wollen, können Sie unter der Obstauflage den Kuchenboden mit einer dünnen Schichte Fruchtaufstrich bestreichen.
5. Belegen Sie den Boden mit Obst und gießen das nach Packungsvorschrift zubereitete Agar-Agar darüber.

BANANA PANCAKES

ZUTATEN FÜR 4 PORTIONEN:

- 100 g Weizenmehl
- 100 g Weizenvollkornmehl
- 1 TL brauner Rohrzucker
- 1 TL Vanillezucker
- 1 TL Backpulver
- 1 TL gemahlener Zimt
- 250 ml Sojamilch
- 1 überreife Banane
- 3 EL Apfelmus oder roher geriebener Apfel
- geschmacksneutrales Pflanzenöl zum Herausbacken
- 2 EL Ahornsirup
- 4 EL Walnüsse, grob gehackt

Nährwerte pro Portion:

413 kcal | 53 g Kohlehydrate | 8,2 g Eiweiß | 18 g Fett

ZUBEREITUNG:

1. Zerdrücken Sie die Banane und verquirlen sie mit der Sojamilch, dem Zucker und dem Vanillezucker.
2. Mischen Sie Mehl, Zimt und Backpulver und rühren es mit einer Schneerute sorgfältig unter die Bananenmilch.
3. Rühren Sie zuletzt noch das Apfelmus / den geriebenen Apfel unter.
4. In einer Pfanne backen Sie nun die Pancakes portionsweise heraus, aus der Teigmenge ergeben sich etwa 8 Stück.
5. Zum Servieren mit Ahornsirup beträufeln und mit Walnüssen bestreuen.

BIRNEN-NUSSKUCHEN

ZUTATEN FÜR EINE 26 CM-SPRINGFORM (10 PORTIONEN):

- 250 g Weizengrieß
- 125 g Mandeln, fein gemahlen
- 125 g Haselnüsse, fein gemahlen
- 50 g Weizenmehl
- 1 Pckg. Backpulver
- 200 g brauner Feinkristallrohrzucker
- 1 Pckg. Vanillezucker
- 460 ml Sojamilch
- 300 g Kompottbirnen, in Spalten geschnitten
- (oder anderes Obst, auch frische Pflaumen oder Kirschen schmecken köstlich)
- etwas Puderzucker

Nährwerte pro Portion:

533 kcal | 81,3 g Kohlehydrate | 13,9 g Eiweiß | 15,9 g Fett

ZUBEREITUNG:

1. Mischen Sie alle trockenen Zutaten in einer Schüssel und gießen dann unter ständigem Rühren mit einer Schneerute die Sojamilch nach und nach zu. Gut rühren, damit keine Klumpen entstehen.
2. Legen Sie eine Springform mit Backpapier aus und gießen den Teig hinein. Die Kompottbirnen legen Sie darauf.
3. Backen Sie den Birnenkuchen im vorgeheizten Backofen bei 180°C etwa 50 Minuten lang. Wenn Sie unsicher sind, machen Sie die Stäbchenprobe: Stechen Sie mit einem dünnen Stäbchen in den Kuchen; wenn nichts daran hängenbleibt, ist der Kuchen durchgebacken.
4. Lassen Sie den Kuchen abkühlen und bestäuben ihn dann mit etwas Puderzucker.

EXKLUSIVER BONUS

35 exklusive Abnehmrezepte

inkl. 14-Tage-Abnehmplan, um dauerhaft Bauchfett zu verlieren und schlank zu bleiben

Halten Sie Ihre Handykamera einfach auf den QR Code und kommen Sie so zu dem Gratis-Download:

QR-Code mit Kamera scannen und GRATIS Bonus erhalten:

HAFTUNGSAUSSCHLUSS

Dieses Buch enthält Meinungen und Ideen des Autors / der Autorin und hat die Absicht, Menschen hilfreiches und informatives Wissen zu vermitteln. Die enthaltenen Strategien passen möglicherweise nicht zu jedem Leser, und es gibt keine Garantie dafür, dass sie auch wirklich bei jedem funktionieren. Die Benutzung dieses Buchs und die Umsetzung der darin enthaltenden Informationen erfolgt ausdrücklich auf eigenes Risiko. Haftungsansprüche gegen den Autor für Schäden materieller oder ideeller Art, die durch die Nutzung oder Nichtnutzung der Informationen bzw. durch die Nutzung fehlerhafter und/oder unvollständiger Informationen verursacht wurden, sind ausdrücklich ausgeschlossen. Das Werk, inklusive aller Inhalte, gewährt keine Garantie oder Gewähr für Aktualität, Korrektheit, Vollständigkeit und Qualität der bereitgestellten Informationen. Druckfehler und Fehlinformationen können nicht vollständig ausgeschlossen werden.

Impressum: Ataro Kitap Yayincisi, Ismet Kaptan, Gazi Blv. No:116, 35210 Konak/Izmir, Turkey, atarokitap.izmir@gmail.com